交通运输国家级实验教学示范中心系列实验教材

行车组织仿真实验教程

主编 ◎ 王顺利 郭峤枫 刘 意 邓灼志
主审 ◎ 殷 勇

西南交通大学出版社
·成 都·

内容简介

行车组织仿真实验是西南交通大学交通运输本科专业的一门独立实验课程。该课程结合交通运输国家级实验教学示范中心的各种实验平台，根据交通运输人才培养计划要求，开发一系列实验项目，满足交通运输专业一流本科专业人才培养质量的要求。通过本课程的学习，学生能够快速掌握轨道交通行车组织相关操作技能，有效实现理论与实践的紧密结合，为后续学习相关专业课程或从事铁路相关工作奠定良好的专业理论和实验技能基础。

本书可作为高等院校交通运输相关专业实验教学用书，也可供相关学科的教师、实验和工程技术人员参考。

图书在版编目（CIP）数据

行车组织仿真实验教程 / 王顺利等主编. —成都：西南交通大学出版社，2021.12
交通运输国家级实验教学示范中心系列实验教材
ISBN 978-7-5643-8445-6

Ⅰ. ①行… Ⅱ. ①王… Ⅲ. ①城市铁路－行车组织－实验－高等学校－教材 Ⅳ. ①U239.5-33

中国版本图书馆 CIP 数据核字（2021）第 246434 号

交通运输国家级实验教学示范中心系列实验教材

Xingche Zuzhi Fangzhen Shiyan Jiaocheng
行车组织仿真实验教程

主　编 / 王顺利　郭峤枫　刘　意　邓灼志
责任编辑 / 周　杨
封面设计 / 吴　兵

西南交通大学出版社出版发行
（四川省成都市金牛区二环路北一段 111 号西南交通大学创新大厦 21 楼　610031）
发行部电话：028-87600564　028-87600533
网址：http://www.xnjdcbs.com
印刷：四川森林印务有限责任公司

成品尺寸　185 mm × 260 mm
印张　9.75　字数　211 千
版次　2021 年 12 月第 1 版　印次　2021 年 12 月第 1 次

书号　ISBN 978-7-5643-8445-6
定价　29.00 元

课件咨询电话：028-81435775
图书如有印装质量问题　本社负责退换

PREFACE

前　言

实验教学作为实践教学的重要组成部分，在培养创新型人才方面起着不可替代的作用。以实验教学示范中心为平台，创新实践教学模式，丰富和发展示范中心的功能内涵，注重对学生质疑力、观察力、协同力、领导力等素质的培养，是培养高技能人才和创新人才的关键之一。

交通运输专业是西南交通大学轨道交通办学特色的重要支撑，长期坚持党的教育方针和社会主义办学方向，主动适应国家经济发展和交通运输行业重大需求，坚持“立德树人”和 “宽厚基础、通精结合、强化实践、突出创新、特色鲜明”的专业人才培养理念，以培养具有“基础厚、素质高、能力强、后劲足”的交通运输系统规划设计、运营管理和科学研究的创新性复合型人才为目标，持续保持交通运输专业建设水平和本科人才培养质量国际一流和国内领先。

交通运输国家级实验教学示范中心以国家一流本科专业建设为契机，组织编写了本实验教程，对于培养学生的实践动手能力、创新能力、科学实验能力，促进学生知识、能力、素质的综合提高，提高教学水平和教育质量等方面起到了重要作用。

本书主要包括铁路列车调度指挥、铁路车站调度指挥、城市轨道交通调度指挥、城市轨道交通故障应急指挥等实验内容。根据实践教学体系改革及专业人才培养目标要求，本书共构建了 15 个实验项目，可满足个性化人才培养要求。交通运输与物流国家级教学示范中心的各位老师共同努力完成本书编写工作，实验 1、实验 2、实验 3 由邓灼志编写，实验 4、实验 5 由郭峤枫编写，实验 6、实验 7 由刘意编写，实验 8 由崔钰编写，实验 9 由王利华编写，实验 10、11 由张晓梅编写，实验 12 ~ 15 由王顺利编写，全书由王顺利统稿，殷勇审阅。本书的出版得到西南交通大学教务处、西南交通大学交通运输与物流学院的资助，在此表示感谢！

限于编者水平，加之时间仓促，书中难免有不足之处甚至错误，诚请读者批评指正并提出宝贵意见和建议。

作　者

2021 年 8 月

CONTENTS

目 录

实验一　单线半自动闭塞调度监督原理及操作实验

一、实验目的

（1）了解单线半自动闭塞调度监督区段调度指挥原理。

（2）熟悉单线半自动闭塞调度监督区段相关设备状态及调度指挥相关规章。

（3）熟悉单线半自动闭塞调度监督系统界面及基本操作。

（4）了解计算机自动编制运行实绩图过程。

二、概　述

列车调度员在计划调度员的领导下，组织列车按图行车，确保客货列车正点；掌握摘挂列车甩挂作业，按计划配空车和及时将车站待挂车挂出；保证所管辖车站各项运输指标的完成。

1. 列车调度指挥原则

由于铁路运输工作具有高度集中、各个工作环节紧密联系的特点，所以在铁路运输组织中，必须贯彻安全生产、集中领导、统一指挥、逐级负责的原则。

（1）安全生产原则。

在列车调度指挥工作中，必须坚持安全生产的原则，正确指挥列车运行。不能发布没有安全保障依据的命令和指示。当得到有关危及行车安全的信息时，要正确、及时、妥善处置。以保证旅客列车的安全为重点，组织列车安全运行。

（2）按图行车原则。

列车正点率是铁路运输产品质量的重要技术指标，也是铁路运输组织管理水平的综合反映。只有按图行车，才能保持正常的运输秩序，进而保证列车的正点率。

（3）单一指挥原则。

铁路行车工作是一个由互相联系、互相影响的多部门、多单位、各工种所组成的完整系统。在这个系统中，各部门、各单位、各工种间的紧密联系和协调一致，对于保证行车安全和运输效率有着决定性的意义。铁路行车调度是为适应铁路行车特点而设置的铁路行车工作的统一指挥者。在列车运行调整工作中，与行车有关的人员，必须服从所在区段当班列车调度员的集中统一指挥。其他任何人不得发布与行车有关的命令和指示。

（4）下级调度服从上级调度原则。

在列车运行组织与调整过程中，相邻调度台、相邻局之间应保持紧密联系，以保证列车的正常交接。对出现的问题，双方要主动协商解决，当出现意见不一致的情况时，由上一级调度进行仲裁。调度台间出现的问题由值班主任解决；路局间分界站出现的问题，由铁路总公司解决。一经上级调度决定，有关人员必须无条件执行。

（5）按等级进行调整原则

列车调度员要按列车运行图指挥列车运行，当列车不能按列车运行图运行时，除特殊情况外，应按先客后货、先跨局后管内的原则和规定的列车等级顺序进行调整。

2. 列车调度员基本作业

（1）接班前了解情况[07:10—07:30（19:10—19:30）]。① 查阅交接班簿及有关命令、文件、电报、领导指示；② 超限货物车辆的编挂限制条件及在途运行情况，在途列车包括临时列车的两端定点、运挂、甩挂情况；③ 车站股道占用情况及第一班已开行的临时列车、单机、轨道车等已使用过的车次及调度命令号码使用情况，避免车次重复；④ 施工计划安排及施工时间，限速地段限速要求及命令的交付情况；⑤ 区间装卸车计划、装车配空计划、方案列车及中间站始发终止的列车计划；⑥ 勾画机车交路，了解机车运用情况。

（2）交接班会[07:30—07:45（19:30—19:45）]。参加交接班会，听取领导指示，并根据自己所了解的情况，提出完成任务的方法和建议。

（3）班中作业 1[07:45—10:00（19:45—22:00）]。① 接班、听取交班者对工作的处理意见和待处理工作的注意事项，并在交班簿上签字；② 主动与施工单位、有关站段核对施工命令及命令交付情况，督促施工单位按要点时间完成施工；③ 08:45/20:45 向所辖区段各站、机务（折返）段、列车段下达第一次三四小时列车运调整计划；④ 召开小型电话会议，与各站段核对时间、传达领导指示，布置安全工作及工作重点。要求：运行图上要随时保持有点的调整计划；认真开好电话会议，充分发挥其促进安全生产的作用。

（4）班中作业 2[10:00—15:00（22:00—03:00）]。① 按阶段收集各站现车，于 13:00/01:00 前推算出各站 18:00/06:00 的站存车（重车分去向，空车、待卸车分车种），填记在班计划小表上，14:00/02:00 前交有关计划；② 召开第二次小型电话会议，总结前段的工作；③ 11:45/23:45，14:45/02:45 向所辖区段各站、机务（折返）段、列车段下达第二、三次三四小时列车运行调整计划。要求：合理调整，确保客车正点运行；加强组织提高阶段计划兑现率。

（5）班中作业 3[15:00—18:00（03:00—06:00）]。① 精心组织、精心指挥，实现日班计划提出的各项工作要求；② 于 17:30/05:30 前发布下一班班计划；③ 于 17:45/05:45 向所辖区段各站、机务（折返）段、列车段下达第四次三四小时列车运行调整计划；④ 做好过表工作，过表列车要有车次、机车型号，列车编组。要求：收点要正确及时。

（6）班中作业 4[18:00—19:45（06:00—07:45）]。① 加强联系，认真落实第一/三阶段计划，为下一班工作打好基础；② 详细、耐心地向接班者介绍运输情况及重点事项，做到清楚明了；③ 认真交接办公物品及设备使用情况；④ 清理卫生，填写交接簿。要求：各项内容要交接清楚。

（7）班后作业[19:45—20:10（07:45—08:10）]。参加交班会，认真总结本班工作的经验教训，对存在的问题，提出改进意见和建议。

对于单线半自动闭塞调度监督模式，列车调度员根据班计划用计算机直接绘制计划图，根据运行中出现的实际情况用计算机实现三四小时运行调整计划，通过计算机网络向“车站值班员”（即本系统中的车站控制计算机）下达各站列车到发、交会、越行计划，由操作机自动实现进路的排列工作，“车站值班员”（车站控制计算机）通过网络向列车调度员报“点”（报告列车到、发、通过车站时刻），在调监屏上显示列车运行及各站接发列车情况。

三、实验设备

模拟车站值班员的车站控制机　　1 套
模拟线路、车站等的显示设备　　1 套
列调控制机及调度集中控制系统　　1 套
用于运行实绩图输出的打印机　　1 台

四、实验步骤

第 1 步，了解对现场单线半自动闭塞调度监督区段软件、硬件环境的模拟以及相关设备状态。

第 2 步，计算机自动生成计划运行图，模拟阶段计划的调整，自动绘制运行实绩图，在调监屏上模拟显示列车在区间运行的状态以及车站接发列车情况。

第 3 步，了解单线半自动闭塞调度监督区段调度指挥原理及过程。

第 4 步，了解局组织机构及局列车调度员的主要工作。

第 5 步，了解各种规则、规范对铁路运输调度工作的监督和指导作用。

第 6 步，熟悉系统界面及基本操作，掌握人机交互方式。

系统界面分为四部分：菜单、快捷按钮、工具栏和工作区。

1. 菜　单

系统主菜单包括【模拟训练】【调度区段信息】【绘制计划图】以及【帮助】四项，如图 1-1 所示。

图 1-1　系统主菜单

（1）【模拟训练】包含的子菜单如图 1-2 所示。

【设置学生姓名】用于设置当前操作学员的姓名。

【更改用户】用于更改当前用户，可在管理员与学员之间进行切换。

【退出】用于退出正在运行的模拟系统，如图 1-3 所示，学员可以选择是否保存当前模拟状态。未经指导教师同意，学员不可退出模拟系统。

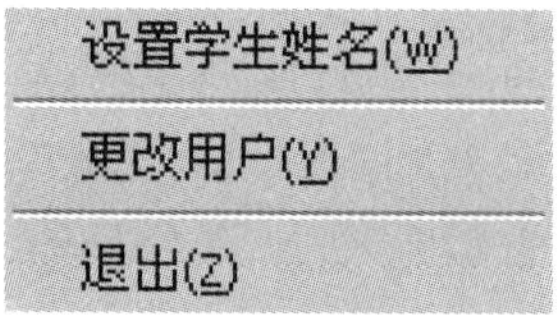

图 1-2　模拟训练子菜单

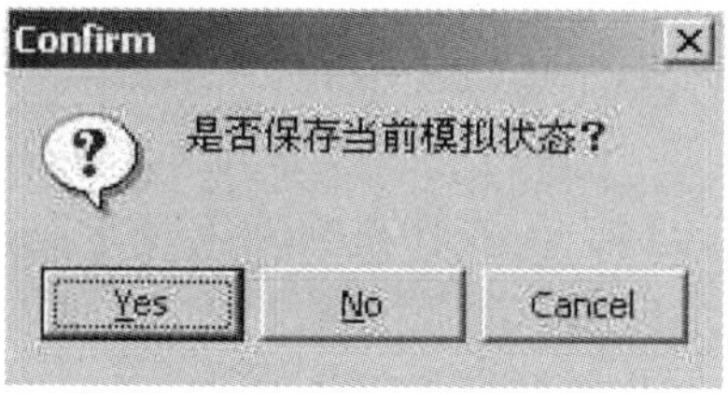

图 1-3　退出对话框

（2）【调度区段信息】包含的子菜单如图 1-4 所示。

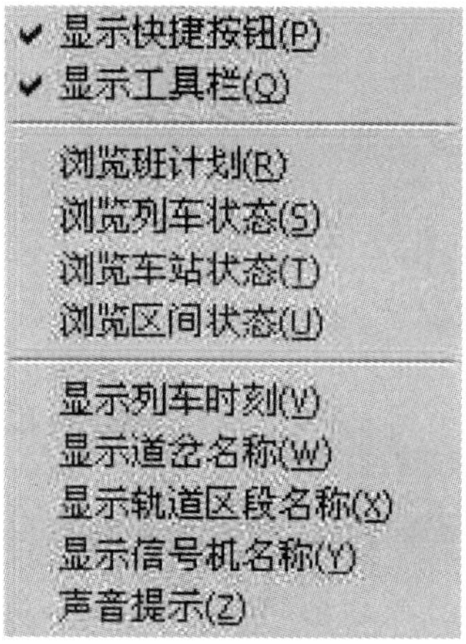

图 1-4　调度区段信息子菜单

【显示快捷按钮】显示或隐藏快捷按钮，如图 1-5 所示。

图 1-5　快捷按钮显示结果

【显示工具栏】显示或隐藏工具栏，如图 1-6 所示。

图 1-6　工具栏显示结果

【浏览班计划】显示或隐藏班计划窗口，如图 1-7 所示。

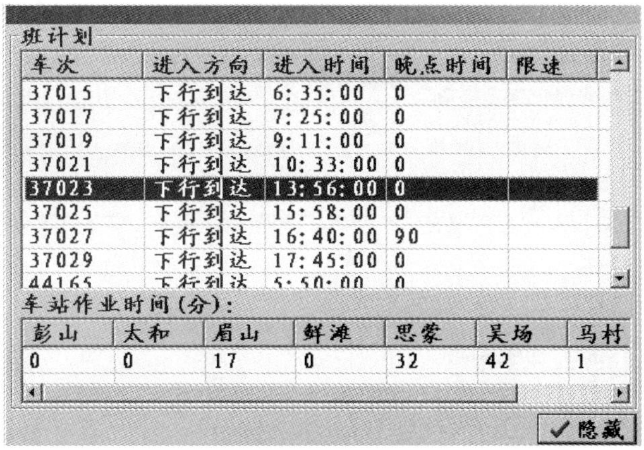

班计划

车次	进入方向	进入时间	晚点时间	限速
37015	下行到达	6:35:00	0	
37017	下行到达	7:25:00	0	
37019	下行到达	9:11:00	0	
37021	下行到达	10:33:00	0	
37023	下行到达	13:56:00	0	
37025	下行到达	15:58:00	0	
37027	下行到达	16:40:00	90	
37029	下行到达	17:45:00	0	
44165	下行到达	5:50:00	0	

车站作业时间（分）：

彭山	太和	眉山	鲜滩	思蒙	吴场	马村
0	0	17	0	32	42	1

图 1-7　班计划

图 1-7 中，第一栏为列车车次，显示了所有在本班到达本调度区段的列车；第二栏为列车进入方向，如上行到达指向上行运行的列车到达本区段（即从下行交接口进入）。第三栏为列车预计进入交接口的时间。

在班计划列表框中，点击标题栏可使列表按标题栏排序，如点击车次，则列表内容按车次排序，点击进入时间，则列表内容按时间排序。

图 1-7 的最下方反映了选中列车在各车站的图定停留时间，供调整计划时参考。

【浏览列车状态】显示或隐藏列车状态窗口，如图 1-8 所示。

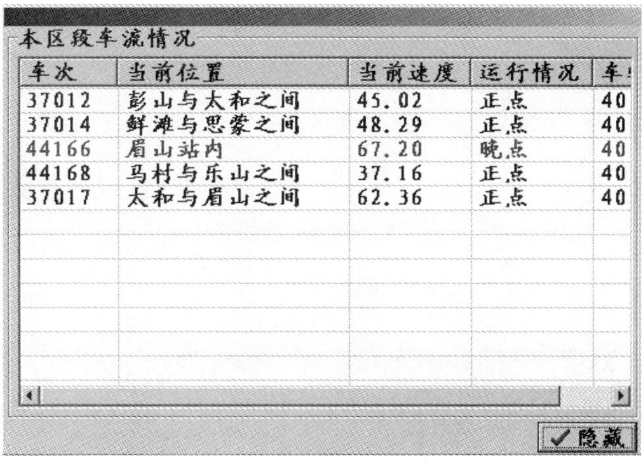

本区段车流情况

车次	当前位置	当前速度	运行情况	车
37012	彭山与太和之间	45.02	正点	40
37014	鲜滩与思蒙之间	48.29	正点	40
44166	眉山站内	67.20	晚点	40
44168	马村与乐山之间	37.16	正点	40
37017	太和与眉山之间	62.36	正点	40

图 1-8　列车状态信息

图 1-8 中，第一栏为列车车次，显示了所有当前正处于本调度区段内的列车；第二栏为列车在本调度区段所处的具体位置，如××站内、××与××之间；第三栏为列车当前速度；第四栏为列车运行情况，主要指明该列车是否晚点；第五栏为列车编成辆数。

【浏览车站状态】显示或隐藏车站主要设备状态窗口，如图 1-9 所示。

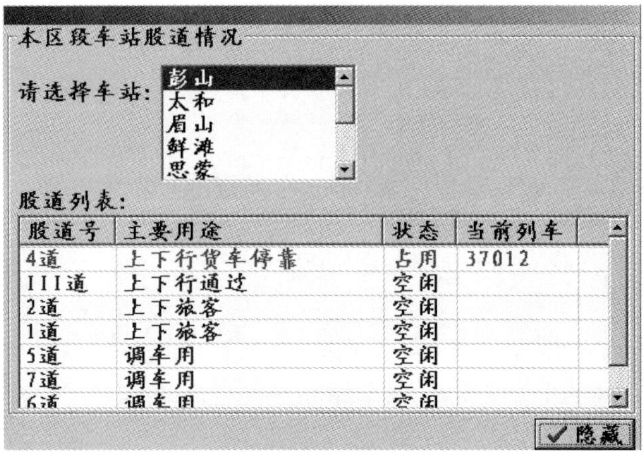

本区段车站股道情况

请选择车站：彭山 太和 眉山 鲜滩 思蒙

股道列表：

股道号	主要用途	状态	当前列车
4道	上下行货车停靠	占用	37012
III道	上下行通过	空闲	
2道	上下旅客	空闲	
1道	上下旅客	空闲	
5道	调车用	空闲	
7道	调车用	空闲	
6道	调车用	空闲	

✓隐藏

图 1-9　车站状态

【浏览区间状态】显示或隐藏区间主要状态窗口，如图 1-10 所示。

区间状态

区间编号	区间名称	当前车次	限制速度
610000001	彭山-太和		
610000002	太和-眉山	37017	
610000003	眉山-鲜滩		
610000004	鲜滩-思蒙	37014	
610000005	思蒙-吴场		
610000006	吴场-马村		
610000007	马村-乐山	44168	
610000008	上行交接口		
610000009	下行交接口		

✓隐藏

图 1-10　区间状态

【显示列车时刻】显示或隐藏列车时刻信息窗口，如图 1-11 所示。

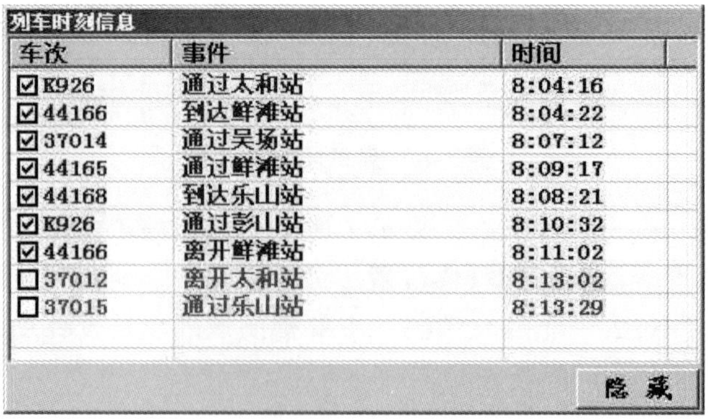

列车时刻信息

车次	事件	时间
☑K926	通过太和站	8:04:16
☑44166	到达鲜滩站	8:04:22
☑37014	通过吴场站	8:07:12
☑44165	通过鲜滩站	8:09:17
☑44168	到达乐山站	8:08:21
☑K926	通过彭山站	8:10:32
☑44166	离开鲜滩站	8:11:02
☐37012	离开太和站	8:13:02
☐37015	通过乐山站	8:13:29

隐藏

图 1-11　列车时刻信息

图 1-11 中，第一栏为列车车次，显示车站上报列车时刻信息的车次；第二栏为具体事件，主要包括三种：到达 × × 站、离开 × × 站以及通过 × × 站；第三栏为列车发送该事件的具体时间。

车站上报的列车时刻显示红色时，可据此时刻绘制相应实绩运行图，并在时刻信息车次栏左边的选择框上点击左键选中该时刻信息，其变为蓝色，表示已确认该条上报时刻。

点击图 1-11 中的【隐藏】按钮，则系统不显示列车时刻窗口。但当发生车站上报新的列车时刻信息时，系统将自动强制显示该窗口以通知列车时刻信息。

【显示道岔名称】显示或隐藏车站站场图中的道岔名称。

【显示轨道区段名称】显示或隐藏车站站场图中的轨道区段名称。

【显示信号机名称】显示或隐藏车站站场图中的信号机名称。

【声音提示】可设置对列车到达、通过车站或从车站出发时刻是否进行语音提示。

（3）【绘制计划图】包含的子菜单，如图 1-12 所示。

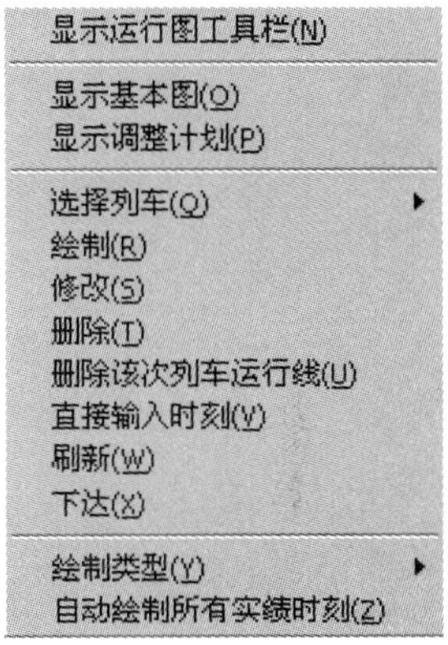

图 1-12 绘制计划图子菜单

【显示运行图工具栏】显示或隐藏运行图工具栏。

【显示基本图】在工作区中显示基本运行图，如图 1-13 所示。

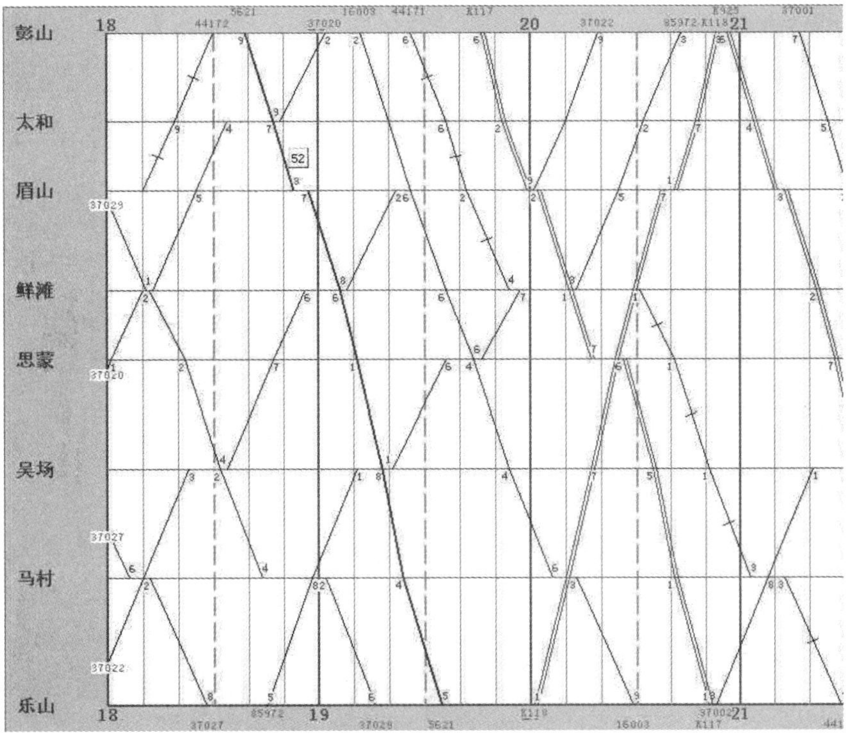

图 1-13 在工作区中显示基本运行图

【显示调整计划】在工作区中显示调整计划运行图。

【选择列车】绘制计划图时选择需要绘制的车次。点击该菜单将出现列有全部车次的子菜单，如1-14图所示，点击需要选择的车次即可。

【绘制】可将绘图方式设置为绘制，从而可以在工作区中绘制运行图。

【修改】可将绘图方式设置为修改，从而可以在工作区中修改已绘制的运行图。

【删除】点击该按钮将绘图方式设置为删除，从而可以在工作区中删除已绘制的运行图。

【删除该次列车运行线】删除当前选中列车在本调度区段的所有时刻，系统会显示确认对话框，如图1-15所示，以防止误操作。

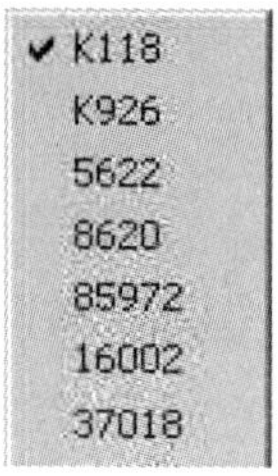

图1-14　选择列车

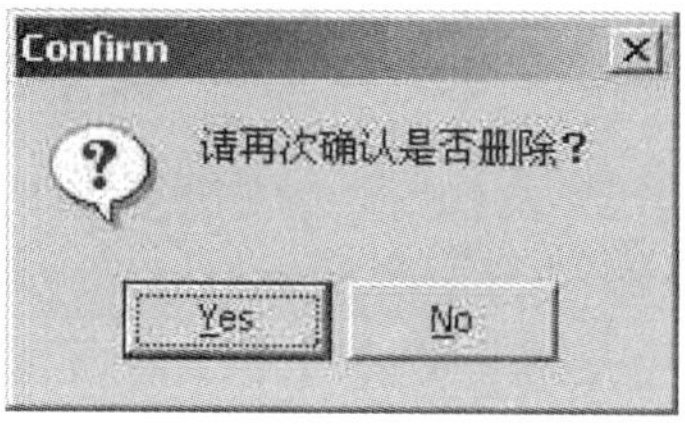

图1-15　删除确认对话框

【直接输入时刻】将显示一个输入时刻的对话框，在对话框中直接输入列车到达通过各站的时间，系统根据输入时刻绘制列车运行线。

【刷新】刷新工作区的运行图。

【下达】将新制定或修改的调度计划下达到车站。

【绘制类型】可在图1-16所示的级联菜单中选择是根据列车时刻绘制实绩运行图还是绘制计划运行图。

（4）【帮助】包含的子菜单如图1-17所示。

图1-16　选择绘制类型

图1-17　帮助子菜单

2. 快捷按钮

快捷按钮将菜单中某些常用的功能以按钮的形式显示出来以方便操作，如图1-18所示。为了扩大工作区范围，也可通过菜单操作隐藏或显示相关快捷按钮。

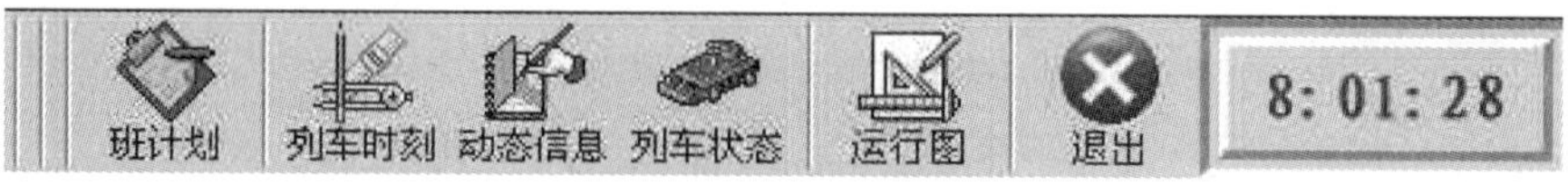

图1-18　快捷按钮

3. 工具栏

工具栏用来显示某一功能的详细操作工具。为了扩大工作区范围，也可通过菜单操作隐藏或显示工具栏，如图 1-19 所示。

图 1-19　工具栏

绘制计划图工具栏，与绘制计划图菜单一样，用于列车运行线的绘制、修改等，包括选择车次、绘制、修改、刷新、输入时刻、删除、下达、选择绘制类型等功能。另外还提供了显示班计划、列车状态以及区间运行时分等功能。

4. 工作区

工作区位于界面中间，是显示及绘制运行图的区域，如图 1-20 所示。

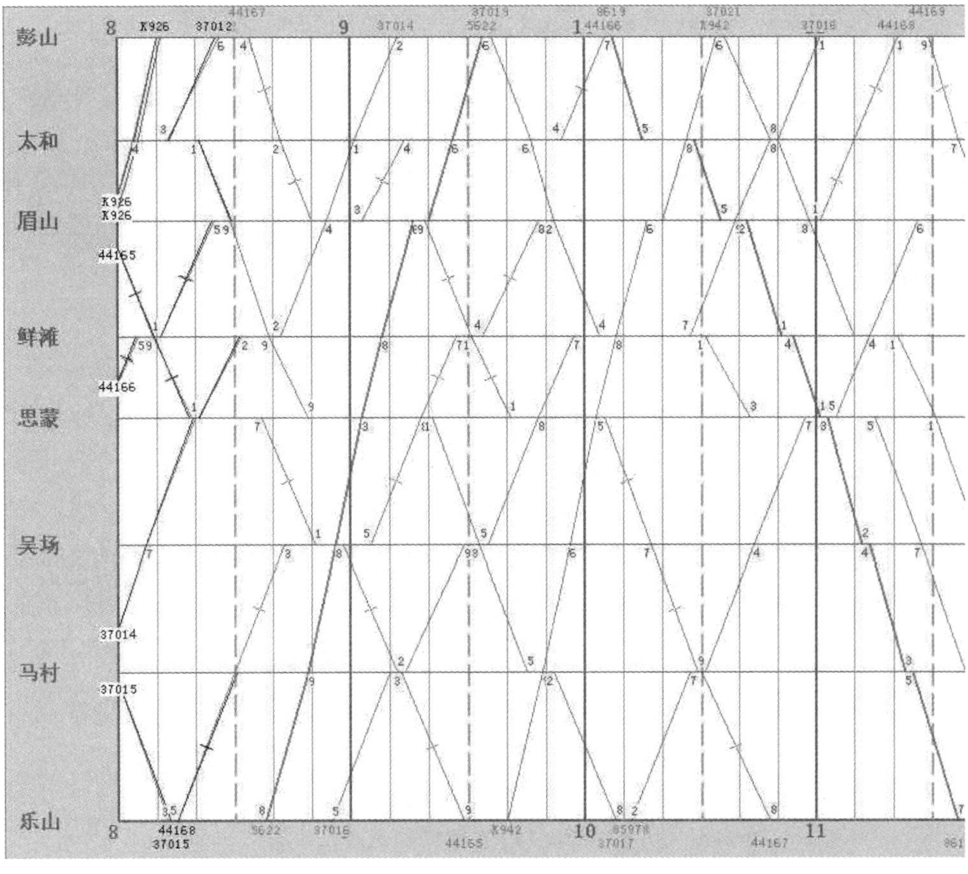

图 1-20　工作区

工作区最左边显示调度区段车站名称，从上到下按下行方向排列。

第 7 步，掌握基本绘图操作。

1. 选择列车

绘制列车运行线之前，首先选择需要绘制的列车，可以点击运行图工具栏的【选择车次】列表框中的车次进行选择，也可以点击主菜单中【绘制计划图】→【选择列车】的子菜单中相关车次，如图 1-21 所示。

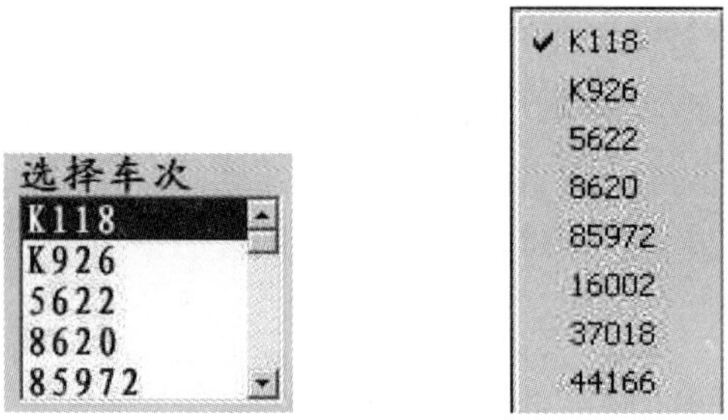

图 1-21 选择列车

2. 选择绘图种类

需要绘制的运行图分两类：调整计划运行图和实绩运行图。绘制调整计划图指学生在模拟训练过程中根据区段列车运行情况制定各站的交会计划，并绘制在运行图上，然后下达到车站执行；绘制实绩运行图指学生根据各站上报的列车实绩运行时刻在运行图上绘制列车实绩运行线。要选择绘图类型，在绘制类型选择框中点击相应的绘制类型即可，如图 1-22 所示。

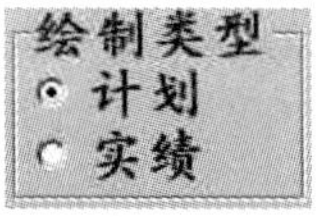

图 1-22 选择绘制类型

3. 绘 制

选定车次和绘图种类后，在运行图工具栏中点击【绘制】按钮或点击主菜单的【绘制计划图】→【绘制】将绘图模式设定为绘制模式，如图 1-23 所示。

图 1-23 绘制模式的选择

点击【绘制】之后，鼠标箭头移动到工作区会变为十字形，便于在运行图上定位。

此时将鼠标移动到车站横线附近系统还会给出动态的时间提示（在工作区鼠标指针旁边和工具栏的动态提示框中均有提示），便于绘图，如图 1-24 所示。

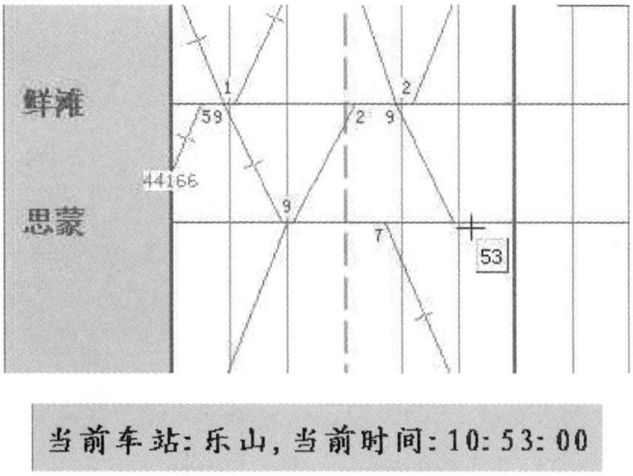

图 1-24　开始绘图

绘制时，在相邻两车站横线的任何一个点击一下鼠标，系统以点击位置为起始点，根据鼠标移动产生可伸缩的橡皮线，直到选择结束点完成运行线绘制，如图 1-25 所示。

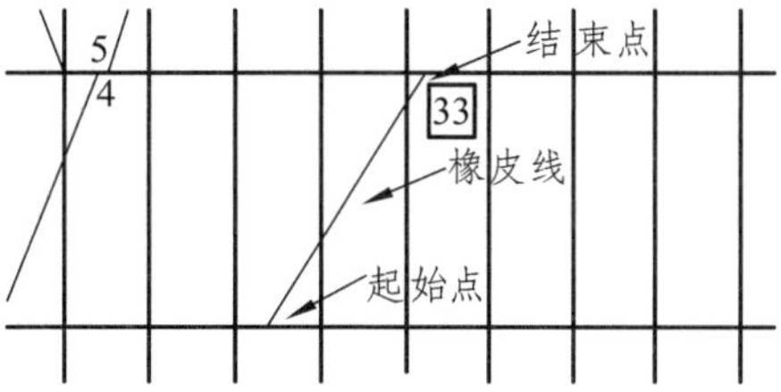

图 1-25　绘制过程

注意：

（1）系统不区分起始点是否是列车离开时间、结束点是否是到达时间，例如可以先确定从 A 站的出发时间，然后拖动橡皮线确定 B 站的到达时间，也可以先确定 B 站的到达时间，然后拖动橡皮线确定 A 站的离开时间，只要绘出的运行线与列车运行方向吻合即可。如果在绘制列车从 A 站开往 B 站的运行线时到达 B 站的时间小于离开 A 站的时间，则系统不确认此运行线，需要重新选择合适的时刻。

（2）若某次列车在某站通过，则绘制时到达时刻和出发时刻都在同一点即可。

（3）绘制过程中想要中止绘制，只需点击右键即可。

（4）如果某次列车在 A、B 两站间已存在运行线，此时又绘制了一条，则系统将以新运行线确定的时刻替代旧运行线（此时刷新运行图即可看出旧线消失）。

4. 修　改

如果绘制完一条运行线后，需要在此基础上做些调整，则点击工具栏【修改】按钮或相应菜单项。

绘图模式为修改时，鼠标移动到待修改列车运行线上，按下右键进行拖动，直到将运行线拖到需要的位置，如图 1-26 所示，44168 次列车从吴场至鲜滩运行线是通过拖动方式修改的。

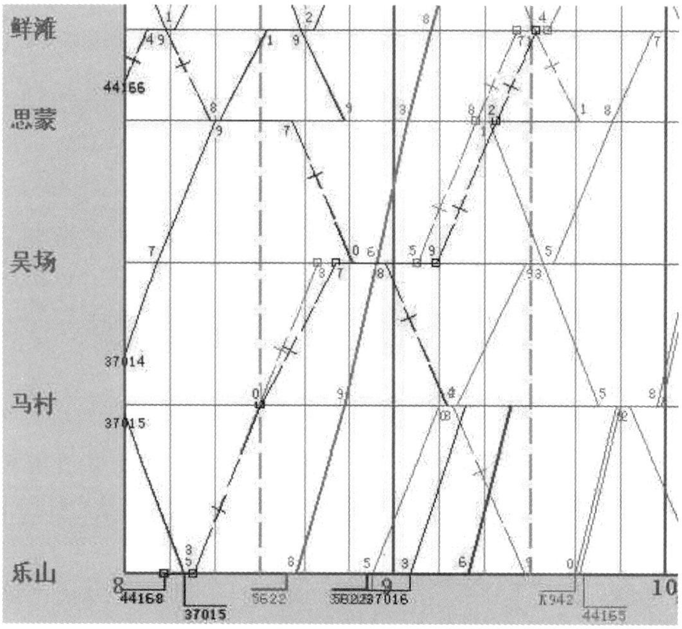

图 1-26 拖动方式修改运行线

对于通过时刻，如果要在拖动时将列车停止方式改为非通过，可在按压 Shift 键的同时拖动运行线。

5. 删　除

点击【删除】按钮或主菜单中相关选项可将已绘制的运行线删除，点击删除后，将鼠标移动到需要删除的运行线一端，点击左键即可。如果要删除列车在整个调度区段的运行线，可以选中某次列车，点击【删除】按钮，系统提示确认后即可删除。

6. 直接输入时刻

系统除了提供通过绘图方式确定列车运行时刻外，还可以直接输入列车在各站的到发时刻。要直接输入列车时刻，可点击【输入时刻】按钮或菜单项，如图 1-27 所示。

图 1-27 输入时刻按钮

点击【输入时刻】后系统弹出输入对话框，如图 1-28 所示。

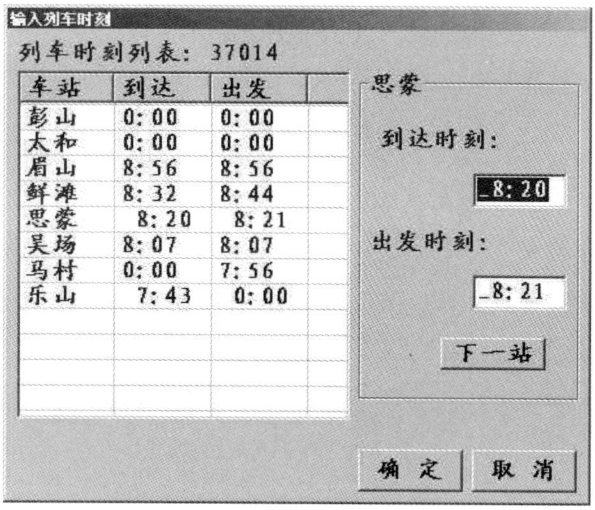

图 1-28 列车时刻输入对话框

在该对话框中输入所需确定车站的时刻，按回车键，然后点击确定。

直接输入的时刻被系统确认后将以图形方式反映在运行图上，同样可以进行修改、删除。

7. 刷 新

点击【刷新】按钮或菜单项强制重绘全部运行图。

8. 下 达

制定完一段时间的列车运行计划后，需要将数据传送的各个车站，方法是点击【下达】按钮或菜单项。

注意：已下达的列车运行计划有变动时可以再次下达，系统以最后下达的为准更新计划内容，但如果某个接发车计划离计划执行时间不到 1 min 时，系统将拒绝修改，继续执行原方案，即修改计划至少提前 1 min。

9. 运行图的移动

移动鼠标到工作区运行图的边缘可以使运行图自动移动。

提示：运行图工具栏中包含各区间列车运行时分列表，如图 1-29 所示，可以为制订计划提供参考。

区间	客上	货上	客下	货下	起附加	停附加
彭山-太和	6	9	6	8	2	1
太和-眉山	4	7	5	6	2	1
眉山-鲜滩	7	10	7	10	2	1
鲜滩-思蒙	5	7	5	8	2	1

图 1-29 区间列车运行时分

10. 图定时分画图

点击输入时刻，选择图定时分，可以绘制出该线图定的运行计划线，注意核对运行时间与计划运行时间是否相符，计划列车运行时间如有晚点，图定时分是没考虑晚点，则要把图定运行线通过修改的方法调整到晚点后的进入时间。

在绘制运行线时，不仅要考虑满足运行图上的各个区间的运行各种间隔时间，在运行区段上方、下方的两个运行区段，也要考虑满足运行间隔时间要求。

第 8 步，熟悉获取相关信息

1. 获取班计划信息

菜单中点击【调度区段信息】→【浏览班计划】，或点击运行图工具栏中【显示班计划】按钮。

2. 获取列车状态信息

菜单中点击【调度区段信息】→【浏览列车状态】，或点击运行图工具栏中【各列车状态】按钮。

3. 获取晚点信息

菜单中点击【调度区段信息】→【浏览班计划】，或点击运行图工具栏中【显示班计划】按钮。

4. 获取列车时刻信息

列车时刻为车站向调度上报的列车实绩运行时间，学生根据此数据作实绩运行图。菜单中点击【调度区段信息】→【显示列车时刻】，或点击运行图工具栏中【显示列车时刻】按钮。

5. 获取列车在站作业时分信息

略。

6. 获取基本运行图信息

第 9 步，熟悉绘制实绩图。

用计算机自动绘制某些特殊情况下的运行实绩图。通过 8 倍速度演示，熟悉调度指挥过程、列车运行状态的监督、车站接发列车方法以及实绩图的绘制方法等，然后输出计算机自动绘制的运行实绩图。

五、实验报告要求

（1）认真完成实验报告，书写报告时要用实验报告纸，书写工整，按时上交。

（2）对思考题应能依据实验过程做出相应的回答。

六、实验注意事项

（1）未经允许不能携带存储盘进入实验室。

（2）严格按照实验步骤操作计算机，不准进入计算机其他系统。

（3）不准修改、删除计算机内所有文件。

（4）爱护实验室设备。

七、思考题

（1）列车调度员的主要工作是什么？

（2）《技规》《调规》《行规》分别对铁路运输调度工作起到了什么样的监督和指导作用？

（3）分析“班计划”对话框中所提供的信息。

实验二　单线半自动闭塞调度监督列车运行指挥实验

一、实验目的

（1）熟悉列车运行图的组成要素及编制原则。

（2）掌握基本绘图方法。

（3）熟悉单线半自动闭塞调度监督区段计划运行图的编制依据与方法。

（4）掌握运行实绩图的绘制依据与方法。

二、概　述

列车运行图是行车组织的基础，是铁路运输工作的综合性计划，是列车调度员调整列车运行的科学依据。因此，列车调度员必须认真学习列车运行图，熟知列车运行图的各项规定，并在实践中摸索和积累每条列车运行线在运行调整上的经验教训。只有这样，才能使“死线”变“活线”，机动灵活地调整列车运行。

列车调度员应严格按列车运行图指挥行车，保证班计划的列车接续和机车交路。

专门印制的本区段列车运行图纸是列车调度员进行调度指挥的工具。列车调度员利用在其上铺画的列车实绩运行线和记载的列车确报，了解本区段列车的当前位置和编组内容，利用铺画的阶段计划指挥列车运行。

《铁路运输调度规则》规定所有调度图表均统一用草绿色印制，并规定了实绩列车运行线和运行整理符号的图形和颜色，计划运行线用黑铅笔线表示。

为了避免在交接班时，因接班调度员又要熟悉情况还要编制计划而造成忙乱，我国铁路通常 19:45（07:45）接班。此时，该班的第一阶段计划已由交班调度员编制完毕，并已开始执行。这就给接班调度员以缓冲的余地。

（一）计划列车运行线

通常，把一个班的 12 h 分为 4 个阶段，每个阶段 3 h。列车调度员要根据现场的实际情况和列车的当前位置用铅笔继续向前铺画出下一阶段的列车运行线，此即为列车运行调整计划。组成阶段计划的列车运行线是用于行车调度指挥、尚未实现的列车运行线，称为计划运行线。

在铺画计划运行线时，列车调度员要努力使晚点列车恢复正点，保证按图行车。因此，阶段计划是列车调度员智慧和经验的结晶，编制和执行阶段计划是列车调度员的基本职责。

当区段行车量不大，通过能力有较大富余时，阶段计划的时间间隔可以延长至 4 h；而当区段行车量较大，通过能力利用已达较高程度时，时间间隔应适当缩短。因为在能力利用率较高的区段，列车之间的影响也较大，使新的情况发生时后面铺画的计划线难以实现，而需要重铺。

由于列车运行调整的阶段计划一般为三四小时，所以阶段计划又称为三四小时列车运行调整计划。

阶段计划应在阶段开始前 1 h 编制完毕、下达给中间站值班员，使中间站对下一阶段的列车运行方法（停车还是通过，交会或越行哪趟列车，在站或区间进行什么作业）心中有数。精心编制的阶段计划是列车调度员回答车站值班员询问的依据。

（二）实绩列车运行线

当列车到达、出发和通过时，车站值班员要向列车调度员报点，列车调度员在运行图纸上标记列车在该站的到、发时刻，铺画列车实绩运行线。依据列车在区段内各站实际到、发和通过时刻铺画的列车运行线记录了列车在区段内运行的实绩，称为实绩列车运行线。因而，通过列车实绩运行线可以清楚地看出有哪些列车正在该区段运行、这些列车在该区段的运行轨迹以及当前位置。

（三）列车运行实绩图

列车基本运行图，是指按最大运量编制的运行图。随着时间的推移，铅笔做的计划运行线逐步被擦去，代之以列车实绩运行线，然后新的阶段计划又铺画出来。这样到当日的两班结束时，运行图纸上将只剩下实绩线。此时尚在本区段内运行的列车需要铺画到下一日的运行图上去，称为过表。跨两日运行的列车称为过表列车。

完成的列车运行图真实地记录了当日两班列车的运行实绩和行车调度员的工作，称为实绩运行图。当日结束后，实绩运行图送调度所分析室，进行列车运行和调度调整工作分析。

在 TDCS 中，列车实绩运行图由系统自动采点、记录和铺画；运行调整的阶段计划也由系统自动编制，列车调度员可以用鼠标拖动、修改，系统利用列车运行参数相应调整受到影响的其他运行线；工作日结束时自动生成的实际运行图可以打印出来，送交分析室分析。

1. 列车运行实绩图的作用

（1）通过铺画实绩图，可以随时掌握调度区段内的列车运行情况、有关车站到发线占用、作业情况及机车交路等。

（2）通过实绩图，可以及时发现问题，便于提早考虑采取必要的调整措施。

（3）作为统计列车正晚点、列车技术速度、旅行速度等项指标的主要依据。

（4）列车运行实绩图是分析列车运行情况，不断提出改进意见的重要资料。

2. 实绩图的绘制方法

列车运行实绩图一般采用十分格运行图，有关列车运行、列车运行整理符号应按规定填绘在规定的表格内。其中列车运行整理符号的相关内容如下：

（1）列车始发、终止、在中间站临时停运及由邻接区段转来或开往邻区段。

列车始发如图 2-1 所示，列车终止如图 2-2 所示，列车在中间站临时停运如图 2-3 所示。

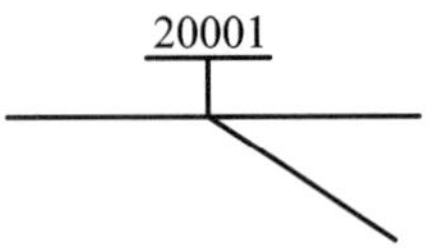

图 2-1　列车始发

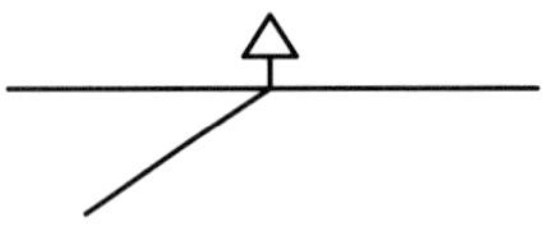

图 2-2　列车终止

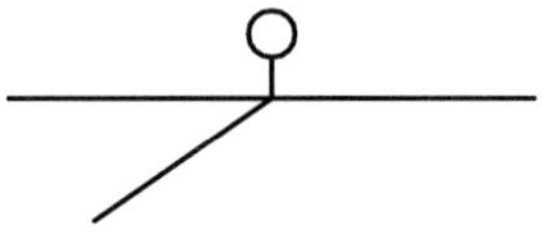

图 2-3　列车在中间站临时停运

列车由邻接区段转来如图 2-4 所示，列车开往邻接区段如图 2-5 所示。

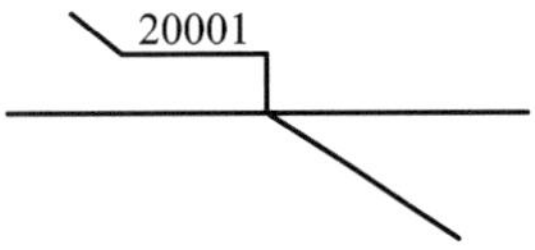

图 2-4　列车由邻接区段转来

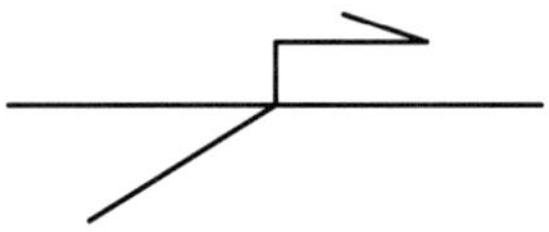

图 2-5　列车开往邻接区段

列车到开时分记在钝角内。早点用红圈、晚点用蓝圈记在锐角内，圈内注明早、晚点时分。晚点原因可用简明略号注明，如因编组晚点可只写“编”字。

（2）列车合并运转时（在列车运行线上注明某次列车被合并）如图 2-6 所示。

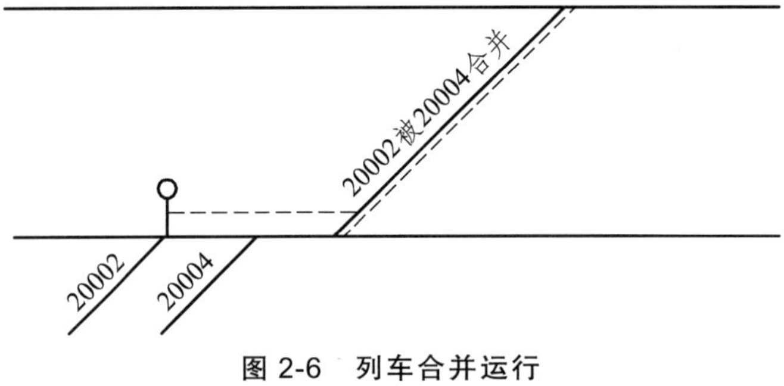

图 2-6　列车合并运行

（3）列车让车时如图 2-7 所示。

（4）列车反方向运行时，在反方向运行区间的运行线上填写车次（反）字如图 2-8 所示。

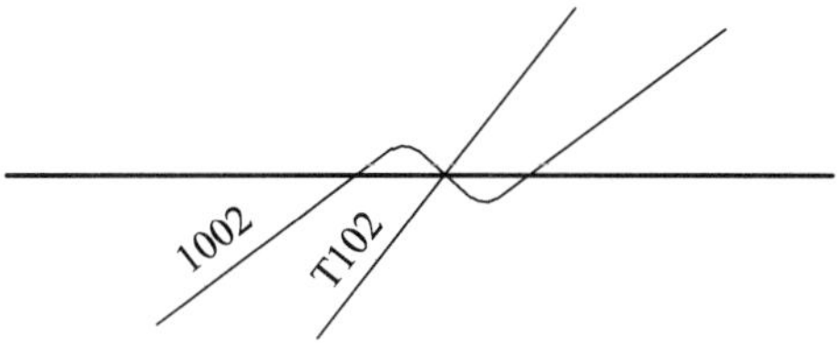

图 2-7　列车让车

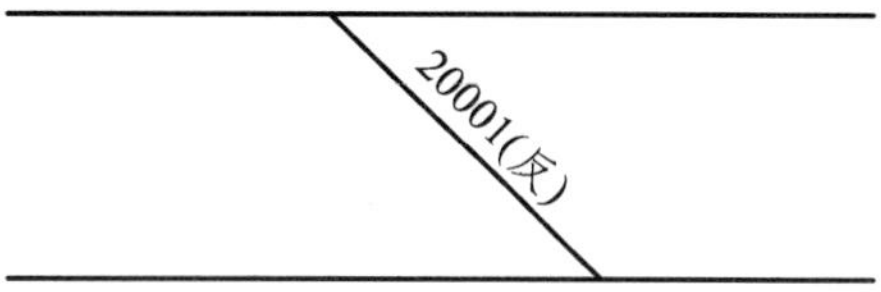

图 2-8　列车反方向运行

（5）列车在区间内分部运行时如图 2-9 所示。

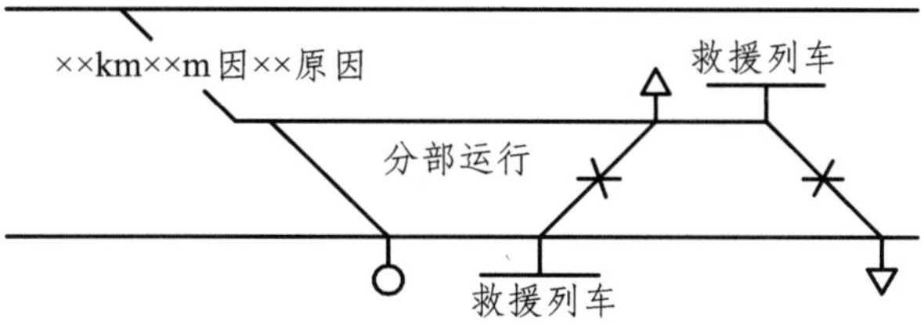

图 2-9　列车在区间内分部运行

（6）补机途中折返时如图 2-10 所示。

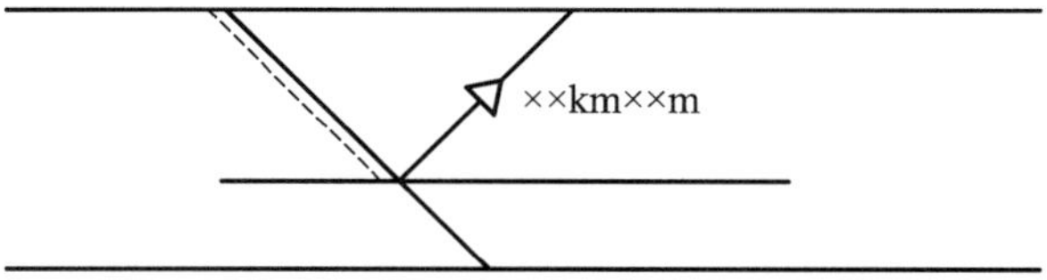

图 2-10　补机途中折返

（7）线路中断或施工封锁区间时，要在该区间内画一红横线表示，单线区间中断或封锁时如图 2-11 所示。

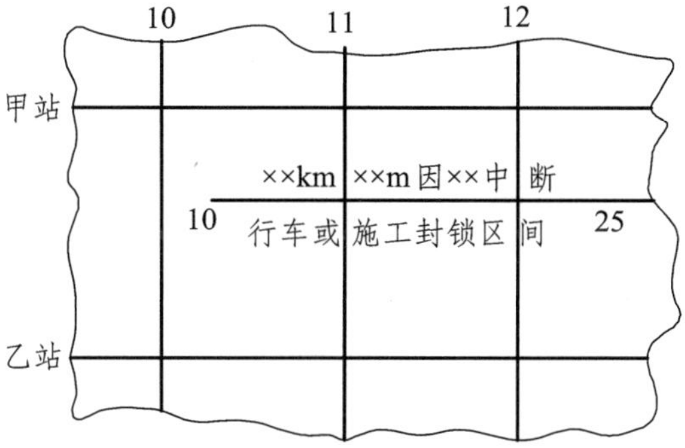

图 2-11　单线区间中断或封锁

双线区间上、下行线路全部中断或封锁时，表示方法与单线区间相同；有一线中断或封锁时，以在红横线上或下画的蓝断线，表示上行线或下行线中断或封锁，如图 2-12 所示。

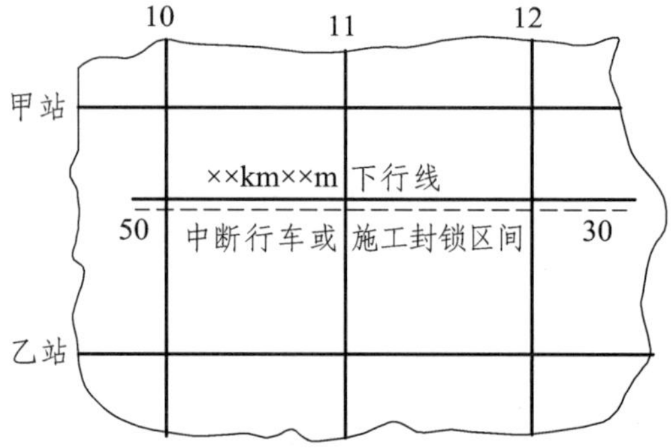

图 2-12　复线区间中断或封锁

（8）因施工或其他原因区间内需要慢行时，由开始时起至终到时止，用红色笔画断线表示，并标明地点、原因、限制速度（如双线就标明上行线或下行线），如图 2-13 所示。

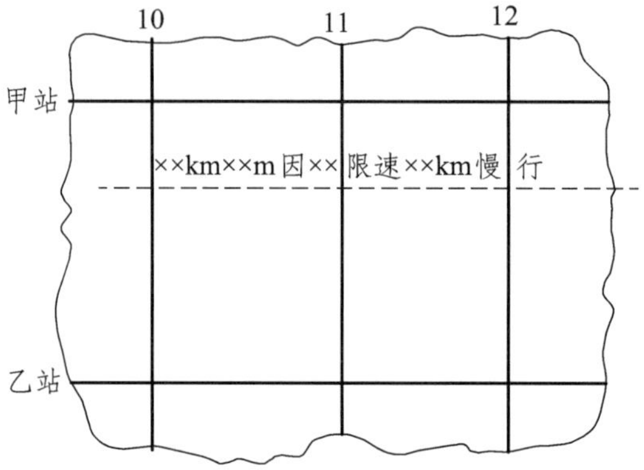

图 2-13　区间限速慢行

（9）列车在区间内有装卸作业时，要标明车次、作业地点、装卸货物品名，如图 2-14 所示。

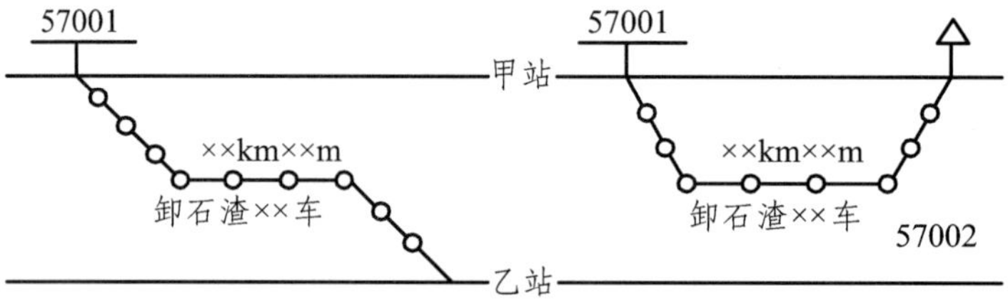

图 2-14　列车在区间内有装卸作业

（10）列车在中间站不摘车作业，用红色笔表示。

$\frac{6}{9}$　分子表示装车数
分母表示卸车数

（11）列车在中间站甩挂作业，用蓝色笔表示，“+”表示挂，“-”表示甩。

$\frac{-3}{+6}$ 分子表示重车
分母表示空车

（12）列车运缓时，在列车运行线上方用蓝色笔标明运缓时分；赶点时在列车运行线上方用红色笔标明赶点时分。

（13）列车在进站信号机外停车时，用红色笔画“△”，并标明停车时分，如图 2-15 所示。

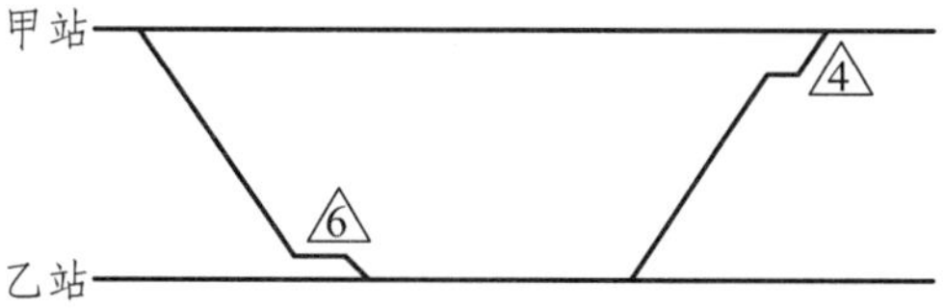

图 2-15　列车在进站信号机外停车

（14）机车交路及机车出入库时间的表示方法：机车在本段交路用蓝色笔，在折返段用黑色笔画实线，并在交路上逐列标明出入库时间，如图 2-16 所示。

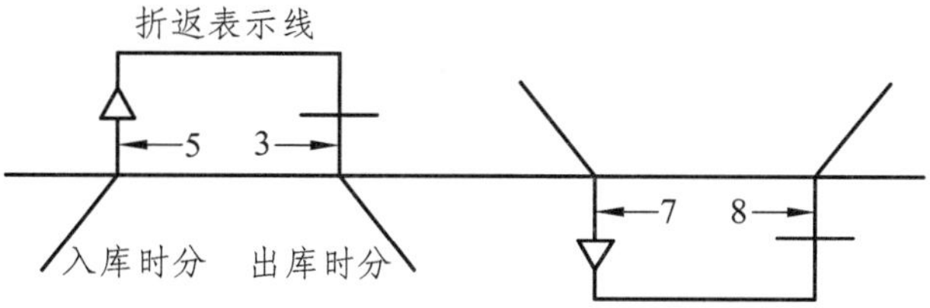

图 2-16　机车交路及机车出入库时间的表示方法

铁路行车工作时间性、连续性强，要求十分严格。列车调度员应将列车会让、编组、甩挂作业计划布置到 10:00 或 22:00，使接班者留有充分的思考时间，不致忙乱被动，接班调度员必须于接班前 15 ~ 30 min 了解运输生产情况及日（班）计划任务。从列车运行实绩中或向当班的列车调度员了解正在区段内运行的列车情况、列车会让计划、摘挂列车作业情况及各次列车的司机和运转车长。向邻台列车调度员了解相邻区段与本区段接续列车（特别是旅客列车）的运行情况，以及预计到达本区段的时刻。从班计划中了解本班装卸车计划、列车到发计划、施工计划及班计划中的关键问题和注意事项，当班列车调度员已接受及发出的正在执行的或仍未开始执行的调度命令。同时，要认真研究、慎重对待交班列车调度员所做出的跨班列车运行调整计划，必要时可进行适当的修改，要认真与现场核对计划及注意事项的下达情况，严禁臆测行事，以防因漏发、错发计划而耽误行车，甚至发生行车事故。

车站于列车到、开或通过后，应及时报告车次、时分和列车状态。列车调度员应随时收取车站关于列车到、发、通过时刻的报告，及时、正确、完整地填记列车运行实绩图，主动向局集团公司调度科报告列车运行概况。

列车调度员在交班时要打好交班基础，做到跨班的运行调整计划及注意事项下达清楚、彻底；该下达的命令、指示下达完毕、齐全；列车运行实绩图填记正确、清晰、完整；各种报表及交班资料填写齐全、准确，以便上下班之间工作紧密衔接，为接班列车调度员创造良好的工作条件。

三、实验设备

模拟车站值班员的车站控制机　　1 套
模拟线路、车站等的显示设备　　1 套
列调控制机及调度集中控制系统　　1 套
用于运行实绩图输出的打印机　　1 台

四、实验步骤

第 1 步，了解调度基本工作制度。

第 2 步，熟悉列车运行图的组成要素及编制原则。

（1）列车运行图的组成要素。

（2）编制列车运行图的原则。

第 3 步，根据班计划铺画计划运行图。

1. 按要求设置初始状态

（1）采用 2 倍正常速度；手工绘制实绩图；调度班次：08:00—20:00；自动制定 2 h 初始计划；难度设置为难；晚点率高；晚点程度为 30 min 以内，如图 2-17 所示。

（2）点击“应用”按钮生成本班计划。

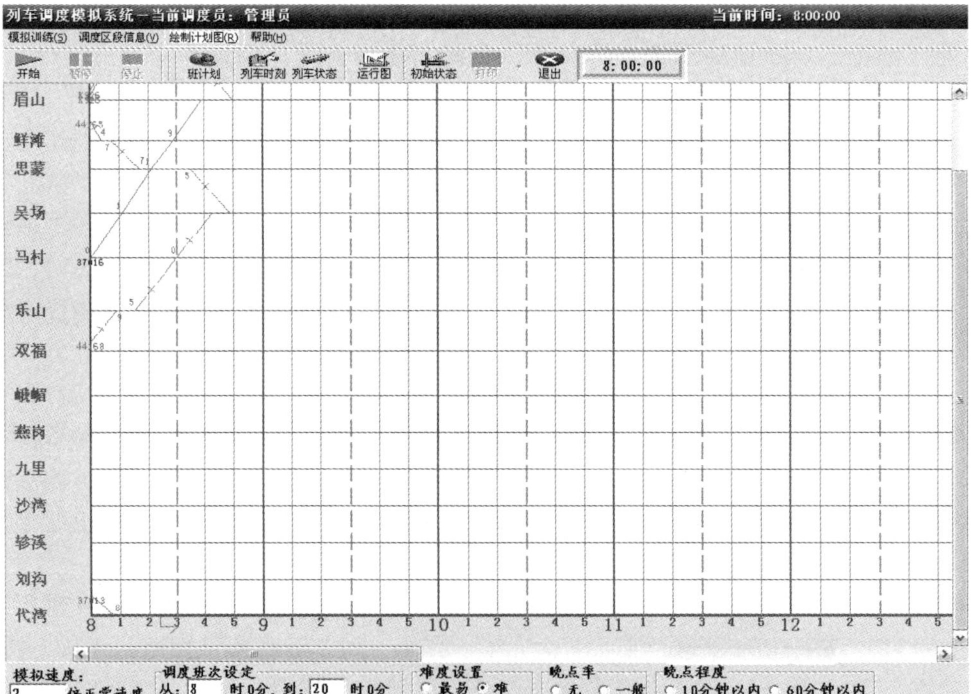

图 2-17　初始状态设置

2. 了解运输生产情况及日（班）计划任务

（1）按时间排序查看班计划，如图 2-18 所示。

图 2-18　班计划

（2）了解班计划执行情况，查看 08:00 前进入区段的列车具体位置及运行状况，为铺画后续计划打下基础。

3. 根据班计划及相关信息铺画计划运行图

（1）检查 08:00 前进入本区段列车的计划运行线。

（2）铺画计划运行图时，按所规定的运行调整符号填记。

（3）利用输入时刻法或绘制法，按阶段铺画计划运行线，如图 2-19 所示。

图 2-19　采用直接输入时刻法铺画计划运行线

注：① 车站间隔时间：$\tau_{不} = 3$ min，$\tau_{会} = 2$ min，$\tau_{连}^{I} = 3$ min，$\tau_{连}^{II} = 2$ min；

② 无双方向技术需要停车站；

③ 无允许相对方向同时接车的车站。

第 4 步，根据当前时间线监督列车的运行以及车站接发列车的情况（见图 2-20）。

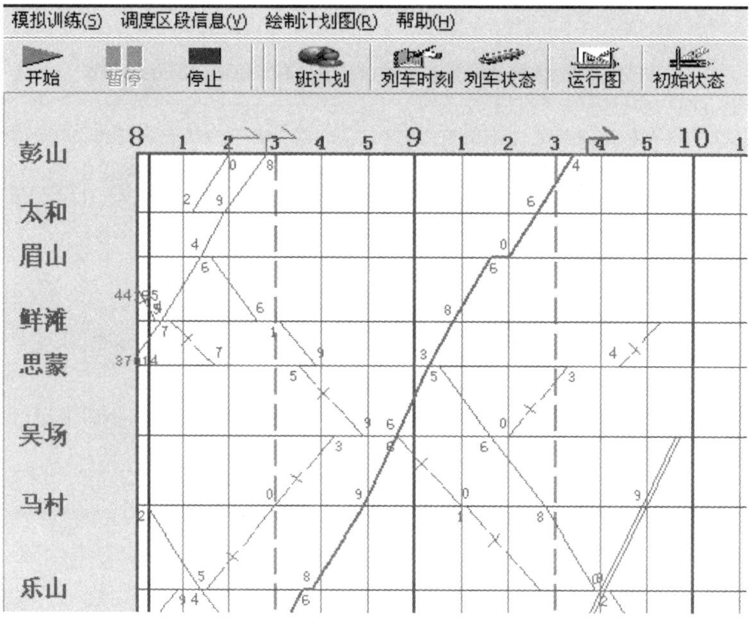

图 2-20　执行计划

第 5 步，根据车站报点及时收点，填画列车运行实绩图。

（1）点击列车时刻信息，收取各站报点信息，如图 2-21 所示。

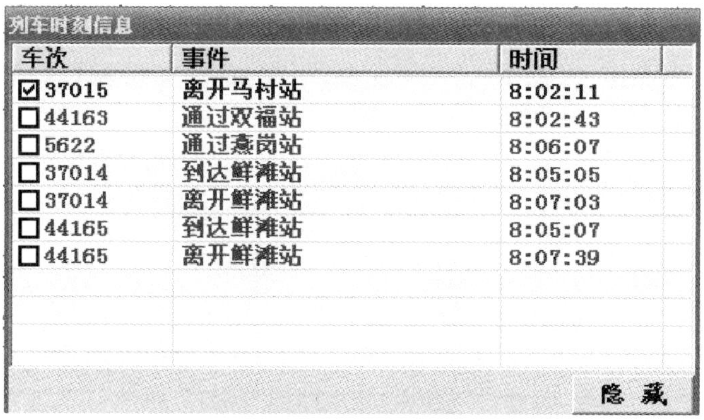
列车时刻信息

车次	事件	时间
☑37015	离开马村站	8:02:11
□44163	通过双福站	8:02:43
□5622	通过燕岗站	8:06:07
□37014	到达鲜滩站	8:05:05
□37014	离开鲜滩站	8:07:03
□44165	到达鲜滩站	8:05:07
□44165	离开鲜滩站	8:07:39

隐 藏

图 2-21　收取各站报点信息

（2）点击运行图快捷图标按钮，切换运行绘制模式到实绩图，如图 2-22 所示。

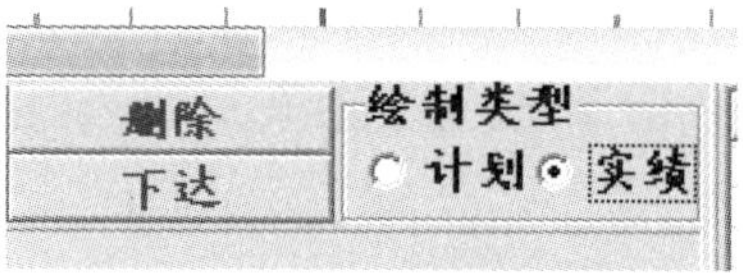

图 2-22　切换运行绘制模式到实绩图

第 6 步，按列车调度指挥的基本方法完成本班调度指挥任务，绘制出本计划图和实绩图。

第 7 步，打印计划运行图及实绩图。

五、实验报告要求

（1）认真完成实验报告，报告要用实验报告纸，书写工整，按时上交。

（2）对思考题应能依据实验过程做出相应的回答。

六、实验注意事项

（1）未经允许不能携带存储盘进入实验室。

（2）严格按照实验步骤操作计算机，不准进入计算机其他系统。

（3）不准修改、删除计算机内所有文件。

（4）爱护实验室设备。

七、思考题

（1）列车运行图的组成要素及编制原则是什么？

（2）计划图、实绩图的绘制依据是什么？

（3）铺画会车方案时应注意的问题是什么？

（4）交班会和班中会制度如何？

（5）行车中断、发生路外伤亡事故时，相关人员应向列车调度员报告什么内容？

实验三 单线半自动闭塞调度监督列车运行调整实验

一、实验目的

（1）能够完成单线半自动闭塞调度监督区段一个班的调度任务并达到一定的指标。
（2）掌握列车运行调整的原则。
（3）掌握组织列车始发正点与运行正点的方法。
（4）熟悉列车运行整理符号的表示方法。

二、概　述

（一）列车运行调整的必要性

列车运行图对旅客列车和货物列车在车站的到发时刻、停站时分以及区间运行时分均做了具体规定。但是，在日常运输组织工作中，由于货流和车流常发生变化、专运列车的开行、线路施工、气候影响、列车运缓、旅客上下超过图定停站时间、设备故障、自然灾害、行车事故以及调度不当等影响，经常会发生列车停运、加开、早点、晚点的情况，使每天实际开行的客货列车对数、运行时刻等与列车运行图的规定有出入。另外，铁路行车工作，常由多部门、多工种紧密联系和协同动作，一趟列车的正点运行，不仅与车站的工作有关，而且往往会涉及几个区段、几个路局，其中若有一个环节的工作做得不够，就会影响列车的安全正点运行。因此，在保证列车安全运行的前提下，组织列车按列车运行图正点运行，提高列车运行正点率，加速机车车辆周转，全面完成日（班）计划任务是列车运行调整的目的。各级调度机构，均应设立专人负责列车运行调整工作。

（二）列车运行调整计划的编制原则与主要内容

列车运行调整计划（也叫阶段计划或会让计划）是列车调度员组织实现日（班）计划的具体行动计划，由列车调度员和车站值班员负责编制和组织实施，每一阶段可根据具体情况划分为 3 h 或 4 h。

列车运行调整的目的在于安全地实现本调度区段列车工作计划规定的车流输送任务，使晚点列车尽可能恢复正点，最大限度地减少晚点和早点列车对其他列车正点到达的影响，保证按图行车的良好运行秩序，提高货物列车的旅行速度。

1. 编制原则

（1）单一指挥。

为了保证行车安全和进行有效的调度指挥，行车工作必须严格执行单一指挥的原则。列车调度员是一个调度区段行车的统一指挥者，有关行车人员必须执行列车调度员的命令、指示，不得违反。

（2）按图行车。

列车调度员应熟悉主要行车人员和机车、车辆、线路、通信信号、桥隧等设备情况，掌握天气变化对行车工作影响的规律，组织行车有关人员协调动作，保证列车按列车运行图正点运行。

（3）下级调度必须服从上级调度的指挥。

列车调度员应按班计划和上级命令指挥行车。相邻铁路局间在排送空车、分界站列车交接工作上应保持密切联系，对出现的问题，双方要主动协商解决，当双方意见不能一致时，应上报铁路总公司调度台解决。一经上级调度决定，有关人员必须无条件服从。

（4）按列车等级顺序调整的原则。

当列车运行偏离了列车运行图规定的时刻时，除特殊情况外，要按“先客后货、先快后慢、先跨局后管内”的原则和列车等级顺序调整和合理会让，使晚点列车恢复正点，实现按图行车。

2. 主要内容

（1）编组站、区段站或分界站列车到发计划。

（2）中间站列车会让计划。

（3）重点列车、超限列车及限速列车运行计划。

（4）摘挂列车甩挂作业及货物装卸作业计划。

（5）区间装卸车及施工计划。

（6）中间站始发列车作业计划（包括车流来源、出发时刻及机车安排等）。

（7）其他重点及安全注意事项。

（三）列车运行调整计划的编制与执行过程

列车调度员编制和执行列车运行调整计划的方法，一般可以分为收集资料、编制计划、下达计划、组织实现等四个步骤。

1. 收集资料

列车调度员在编制列车运行调整计划前，应认真进行调查研究，通过各种联系方法与邻台（所）及有关站、段互通情报，收集第一手资料。特别是接班后的第一个列车运行调整计划。这个阶段正是交接班时间，容易发生计划脱节现象，造成不良后果。为了保持计划的连续性，防止问题的发生，一方面要求交班列车调度员应从整体观点出发，在编制最后一个列车运行调整计划（即跨班计划）时，要认真负责，考虑周密，下达齐全。关键问题和注意事项一定要布置清楚。发扬协作精神，打好交班基础。另一方面，又要求接班列车调度员提前到班详细了解情况。接班后尽量按上班布置的计划调整列车运行。必须变更时应部分进行调整，避免全盘否定，擦完重来。对关键问题、注意事项要反复盯问落实。

列车调度员在编制列车运行调整计划前需要了解和收集的主要资料有：

（1）区段内各站现在车（空车分车种，重车分去向）情况及到发线占用情况。

（2）邻台（局）及本区段内客、货列车实际运行情况。

（3）摘挂列车编组内容及前方站作业情况。

（4）技术站到发线使用和待发列车情况。

（5）机车整备及机车交路情况。

（6）区间装卸及施工情况。

（7）领导指示及其他情况。

2. 编制计划

列车调度员对收集来的资料进行认真、细致、连贯的分析，根据列车运行图、列车编组计划、运输方案的规定及日（班）计划任务，综合运用各种列车运行调整方法，编制出列车运行调整计划。

在编制列车运行调整计划时，既要从计划上调动各方面的积极性，质量良好地完成列车运行调整任务，又要按照实际情况决定工作方针，注意使计划留有余地。

在编制列车运行调整计划时，一定要从全局观点出发，认真贯彻党的运输政策及列车运行调整原则。既要保证重点，又要做好全面安排。对正点列车要按列车运行图做出运行计划。对晚点列车与早点列车按下列要求做出列车运行调整计划：

（1）在保证安全的条件下，用最大的旅行速度运行，尽快使晚点列车恢复正点，做到“接晚不增晚，晚点赶正点”。

（2）确定最合理的会让站、越行站。

（3）最大限度地合理使用区段通过能力。

（4）保证必要的车站间隔时间及区间运行时分。

编制列车运行调整计划是在列车运行图纸上用铅笔铺画列车运行线。在单线区段，应将上、下行列车运行线同时铺画，便于找出合理的会车地点。

编制列车运行调整计划时，一般是优先保证旅客列车正点，由邻区段接入（或本区段始发）的时刻起顺序铺点。对直达、直通列车应尽量加速放行，在双线区段，除需要上水或待避旅客列车外，应在沿途各站不停车通过。在单线区段，有时需交会对向列车，这时应做好会让计划，做到“会车有点，不会有线”。遇必要时，应优先安排限制区间的列车运行计划，即首先解决列车运行调整上的主要矛盾，采取有利的会车方式，充分利用其通过能力。

在安排由技术站向区段内发出超过运行图规定数量的加开列车时，应注意不使区段内列车数超过限度。所谓超过限度是指在每一瞬间在单线非自动闭塞区段内的列车数超过区间数，在双线非自动闭塞区段内的列车数超过区间数的 2 倍。区段内的列车数超过限度时，将使每一多余列车发生长时间等待区间腾空的现象。因此，由技术站向区段内发车时，应预先考虑并计算如何通过限制区间。

对于向区段内发出多余列车，如果没有办法使列车通过限制区间，就不应使这趟列车向区段内发出。但有时因需要腾空技术站（特别是编组站）的到发线，疏解编组站车流，防止或消除车流积压或需发出紧急列车而必须采取使区段内列车数多于限度的做法时，可采用列车合并运行或在允许开行续行列车的区段以开行续行列车的方法使列车通过限制区间。

在安排摘挂列车运行计划时，应在保证完成车辆甩挂和货物装卸作业的情况下，尽量插空放行。对于有作业的车站，在安排列车会让计划时应为其作业创造方便条件，防止因作业站不畅通而打乱整个计划。

3. 下达计划

列车调度员在阶段计划编制完成后，要及时下达给各站、段。根据具体情况，可采取集中、分段或个别的方式下达计划。提前一小时将三四小时阶段计划及时向所辖站、段下达发车计划及列车会让计划；向主要站、段、邻台（所）进行列车到达预确报；促使行车有关人员密切配合，协调动作，按照列车运行调整计划的要求，提前做好准备工作，保证实现列车运行调整计划，质量良好地完成日（班）计划所规定的各项任务。

4. 组织实施

列车运行调整计划下达后，仅仅是组织计划实现的开始。在执行计划的过程中，列车调度员要随时注意列车运行情况的变化，做到勤沟通、勤联系，特别是对关键列车（如在旅客列车前面运行的货物列车，或在旅客快车前面运行的旅客慢车等）和重点车站，要及时收点，随时监督列车的运行，以便发现问题，及时采取调整措施，保证列车按计划安全正点运行。

（四）列车运行调整方法

在保证列车安全运行的前提下，组织列车按列车运行图正点运行，提高列车运行正点率，加速机车车辆周转，全面完成日（班）计划任务是列车运行调整的目的。

欲使列车按运行图正点运行，必须首先组织列车正点始发。因为始发正点不仅可以使本列车正点运行，而且可以避免影响其他列车。组织列车正点始发是保证列车正点运行和实现列车运行图的基础。反过来，列车运行正点又是列车正点始发的先决条件，为始发列车提供了车流和机车。因此，始发和运行是互为条件、互相促进、相辅相成的。列车调度员在进行列车运行调整时，要兼顾上述两个方面。当列车运行正点与始发正点发生矛盾时，应根据具体情况，权衡利弊，全面考虑，做出正确处理。

1. 组织列车始发正点

（1）组织旅客列车始发正点。

组织旅客列车正点始发是完成列车运行图的首要条件。因为旅客列车等级高，一旦晚点就会影响货物列车。因此，列车调度员在组织指挥列车运行工作中必须狠抓旅客列车始发正点这一环，以旅客列车正点来带动货物列车正点。

① 始发旅客列车的出发组织工作。

旅客列车的始发工作由客运调度员负责，在客车车底的整备、检修，客运机车整备、出库，客运乘务组和运转车长出乘，行包装卸、旅客放行等方面具体掌握，督促各有关部门按时完成各项工作，确保旅客列车出发正点。

列车调度员应做好始发旅客列车的车底取送，行包、邮件装车，机务段机车出库等工作的检查督促，及时解决临时发生的问题，保证列车正点出发。

当列车车底到达晚点，造成折返时间不足时，应及时通知和组织车站、客车车辆段、客运段等部门，加速进行各项检修和整备作业。必要时，可不送客车整备线，而直接在到发线上整备，以缩短作业时间。

② 邻区接入旅客列车的出发组织工作。

对于由邻区接入的旅客列车，列车调度员应及时查看邻台实绩运行图，及时了解列车的运行情况，向客运调度员了解本区段旅客、行包作业量，做到心中有数。列车晚点到达时，应与客运调度员取得联系，加强旅客乘降和行包装卸组织，缩短停站时间，保证正点发车。如晚点较多，已不能正点出发，则应及时做出列车运行调整计划，尽量减少对其他列车的影响，并采取快速作业（如列车乘务员双开车门、旅客快上快下、行包邮件快速装卸）、区间赶点等措施，争取交出正点，或不增晚。

（2）组织货物列车始发正点。

对一个调度区段来说，始发的货物列车有两种：自编始发的和外段接入的。

对于自编始发的货物列车，要使其正点发车，首先要有必要的车流来源，其次要有机车保证。

组织自编货物列车始发正点应从编制日（班）计划时入手。在编制日（班）计划时应根据各站、段技术作业过程、作业能力和列车实际运行情况，在充分估计现场职工主观能动性的条件下，做出切合实际的列车出发计划。严禁做出车流接续无保障或难以实现的机车紧交路计划，防止计划晚点。

在执行日（班）计划过程中，列车调度员要严格按计划组织开车。掌握好机车交路。并督促站、段提前编车、提前技检、提前出库、提前试风，做好发车准备工作。遇车流不足时，应与编组站车站调度员共同研究，搜集站内零星车流（如货场、专用线货物作业完了的车辆，段管线内货物作业完了或修竣的车辆等），或组织小运转列车、单机等将枢纽内各站车流送往编组站编车，或与邻台（所）列车调度员联系组织有接续车流的列车早到，组织编组站快速中转，以保证列车满轴编成并正点出发。遇机车赶不上交路时，列车调度员应组织列车加速放行，并与机车调度员协作，组织机车快速整备。

对于由邻区段接入的货物列车，列车调度员应及时向邻台（所）了解列车正、晚点情况。如有晚点时，应与邻台（所）列车调度员共同协商恢复正点的措施（如加速放行列车，组织技术站快速中转，加速机车整备作业等），尽量争取正点发车。

为了掌握列车运行调整的主动权，列车调度员对于货物列车早点发车也应掌握。根据《铁路货车统计规则》的规定，编组站始发的列车，根据日（班）计划规定的车次，按图定时刻正点或早点不超过 15 min 出发时按正点统计。按图定接续运行线运行的中转列车临时早点或晚点时，区段站、编组站可利用空闲运行线运行。在实际工作中，区段站、编组站为了压缩运用车，完成中、停时指标，往往要求早点发车。这时，列车调度员应全面考虑，权衡利弊。如果该列车早开又能早到，并且，不影响其他列车时，列车调度员应积极支持，以加速机车车辆周转。反之，则不能同意早开。另外，列车调度员在进行列车运行调整时，为组织晚点列车恢复正点，需要某次列车由技术站早开时，列车调度员应积极组织车站早开。

2. 组织列车运行正点

列车始发正点是运行正点的基础。但是，列车在区段内运行的过程中，由于途中运缓、作业延误等原因，使正点始发的列车不一定能正点到达。或者因为相反的原因，使列车会早点到达。所有这些情况都需要列车调度员对列车运行进行调整，尽可能使晚点列车恢复正点运行。

1）列车晚点的原因

（1）停车待发。

由于区间为晚点的较高级列车占用，或因列车本身晚点而需要维持其他列车正点，致使列车在中间站停车等会，或停车待避，或停车等牌，或变通过为停车，或超过运行图规定的站停时间，造成列车晚点。

（2）停车待接。

由于车站到发线满线，或者在规定不能由相对方向同时接车的车站，当两列交会列车同时接近车站时，不能随到随接，造成停车待接现象，使列车晚点。

（3）作业延误。

列车在中间站因作业延误而增加停站时间，将造成列车晚点；有时由于作业延误而附带产生停车待发时间，将使晚点程度更为严重。

（4）途中运缓。

机车乘务员操纵技术、信号瞭望条件、气候影响及调度会让技巧等，均与列车途中运缓有关。在自动闭塞区段，前行列车晚点迫使后行列车减速或停车，也是途中运缓的原因。

2）列车运行调整方法

列车调度员在进行列车运行调整时，应针对列车晚点原因采取相应的有效的调整措施来设法防止出现或消除已出现的列车晚点，或减少其影响，力争使列车按列车运行图安全正点运行。

（1）组织列车赶点。

为了使晚点列车恢复正点运行，或为了使列车赶到指定的车站会车、让车，或为了赶机车交路、车流接续、变无效车为有效车等，可以采取充分利用线路允许速度，加速列车运行（赶点）的调整方法。

凡使用自动制动机的列车，应具有在各运行区段的任何纵断面的线路上，当列车以最大容许速度运行时，司机施行紧急制动后，该列车能在 800 m 制动距离内停车的制动能力。在规定制动距离为 800 m 的条件下，列车运行速度与限制下坡道及列车单位重量闸瓦压力必须相适应。当列车的实际闸瓦压力高于《铁路技术管理规程》规定的最低标准时，则加强了制动能力，对行车安全有利。这时，如遇晚点列车需恢复正点，即可在不超过线路允许速度的条件下，组织列车以高于列车运行图规定的速度运行，即所谓“赶点”，缩短列车区间运行时分。

列车调度员在组织列车“赶点”运行时，应根据列车重量、长度及编组情况，机车类型及技术状态，乘务员的思想和技术水平，线路纵断面情况及允许速度，天气条件等，提出加速运行（赶点）的要求。事先用电话直接或通过车站值班员与司机、运转车长取得联系，讲明区间列车运行情况，提出对本次列车运行上的要求，把每个区间需要压缩的运行时分交给司机，并提出为完成赶点计划给司机创造的有利条件。征求司机意见，取得司机的配合，以便实现列车运行调整计划。

在组织列车加速运行，压缩区间运行时分时，应特别注意行车安全，切忌在有不利纵断面（如长大下坡道）的区间赶点运行。列车调度员要严格履行向司机提出的保证条件，不使赶点列车在计划停车地点以外临时停车。遇特殊情况，不得已在计划停车点外停车时，应及时向司机说明原因。

例如，在某单线区段，按运行图规定 10001 要在 *B* 站停会 K168 次，实际工作中因 K168 次晚点 36 min，影响 10001 次的正点运行。列车调度员预先了解到这种情况后，经过周密的计算分析，提前在 *A* 站通知 10001 次司机并征得同意。要求在 *A*—*B*、*B*—*C* 两区间“赶点”4 min，至 *C* 站会 K168 次，如图 3-1 所示。

区间运行时分			
旅客		货物	
上行	下行	上行	下行
18_1^1	16_1^1	20_2^1	18_1^2
20_1^1	18_1^1	22_2^1	20_1^2
20_1^1	18_1^1	22_2^1	20_1^2

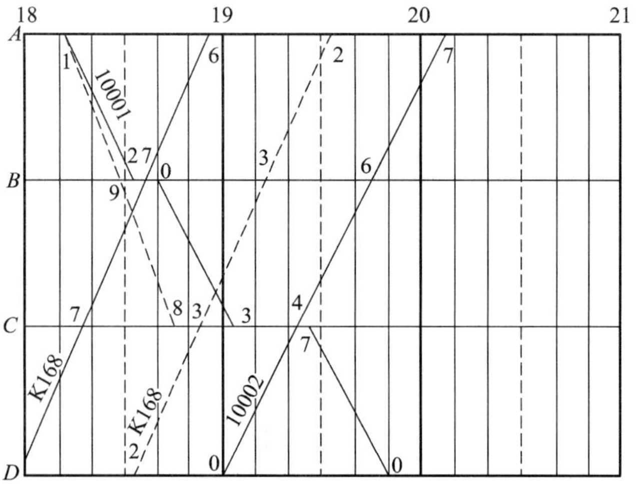

图 3-1　组织列车加速运行调整方法

注：图中实线为计划线，虚线为调整线（下同）

又如，图 3-2 中，10002 次图定通过 *c* 站，在 *b* 站等会 10003 次，由于在 *d* 站出发时晚点 2 min，按正常区间运行时分，将造成 20001 次晚点 2 min 从 c 站开出、10003 次在 b 站外停车，并将进一步影响到其他列车的运行。列车调度员如能组织 10002 次在 d—c 区间和 c—b 区间分别赶点 1 min，则 10002 次到达 b 站时已恢复正点，不会影响 10003 次正点通过，再组织 20001 次在 c—d 区间赶点 1 min，很快就可以消除 10002 晚点的影响。

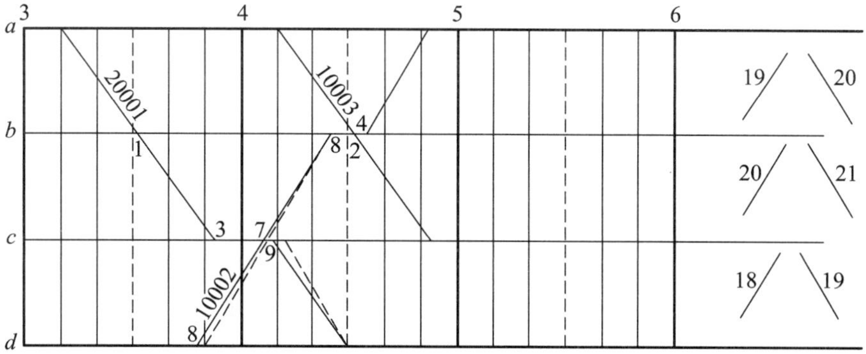

图 3-2　组织列车赶点

（2）变更列车会车地点或会车方式。

在单线区段，当列车发生早点、晚点、停运、加开情况时，往往有变更会车地点或会车方式的必要。

在当班中，列车调度员要时刻盯着上、下行列车运行情况。根据具体情况，选择合理的会车地点或会车方式，机动灵活地调整列车运行，加速放行列车。

在变更会车地点或会车方式时，应特别注意不使列车在停车后起动困难的车站停车等会。在采取变更会车地点或会车方式措施时，往往配合使用区间“赶点”的调整方法，这样做效果更佳。

变更会车地点应尽量选择在有技术作业或车辆甩挂作业的车站，使会车与作业停站相结合。

当图定某一货物列车根据日（班）计划规定停运或临时停运时，其对向列车因会车次数减少而早点运行时，根据需要也应变更列车会车地点或会车方式。

利用变更会车地点和会车方式的方法，有时可以收到避免列车被越行的效果。

变更会车地点的规律性：当下行列车晚点较多时，会车地点向上行方向移动；上行列车晚点较多时，会车地点向下行方向移动。当晚点程度不能恰好使会车地点移动一个或一个以上区间时，则可组织对向列车途中赶点或早点始发，以适应调整列车运行的需要。若列车晚点不多时，则可组织该晚点列车加速运行，恢复正点。当停车等会的列车晚点而晚点时间不多时，可以通过变更会车方式的办法使晚点列车恢复正点。应当注意的是，采用这种调整措施时，应以被影响列车晚点不多，且其离终到站尚远，途中能加速运行为条件。否则，仍应移动会车地点，以免晚点列车影响其他列车正点运行。

同样道理，当下行列车早点较多时，会车地点应向下行方向移动；上行列车早点较多时，会车地点应向上行方向移动。如早点程度不能恰好使会车地点移动一个或一个以上区间时，则可组织早点列车加速运行压缩区间运行时分或更早一些始发，以适应运行调整的需要。若列车早点不多时，则可组织对向列车加速运行，维持图定会车地点。

例如，图 3-3 中，T72 次特快晚点 29 min 于 21:27 通过 *c* 站，影响了 31007 次列车正点运行。如 31007 次改为在 *c* 站等会 T72 次，到达 *c* 站的时间是 21:25，不足 2 min。列车调度员在阶段计划中决定 31007 次在 *a*—*b* 和 *b*—*c* 区段各赶点 1 min，通过 *b* 站，赶到 *c* 站会 T72 次。

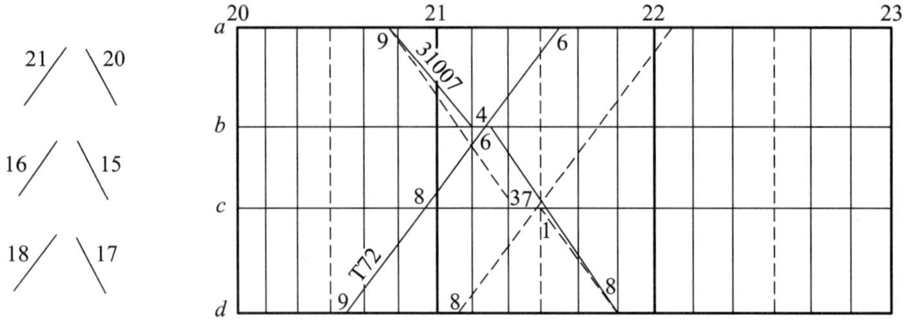

图 3-3　指示列车赶到指定车站会车

在具体组织时，列车调度员将这一调整计划及时通知了 31007 次、T72 次司机和 *a*、*b* 和 *c* 站值班员，使列车于 21:23 赶到 *c* 站，与 T72 次会车后，于 21:30 从 *c* 站出发，从而保证了 51007 次列车正点运行。

又如，有列车早点时（见图 3-4），按运行图规定 22001 次在 *C* 站会 22002 次让 K225 次，现由于 22001 次在 *A* 站早开 15 min，此时可将 22001 次与 22002 次的会车地点改在 *D* 站，这样就不必在 *C* 站会 K225 次，提前到达终点，而 22004 也能早到 *A* 站。在双线区段，适当组织列车早开，可以减少待避次数，进而有利于提高列车旅行速度。

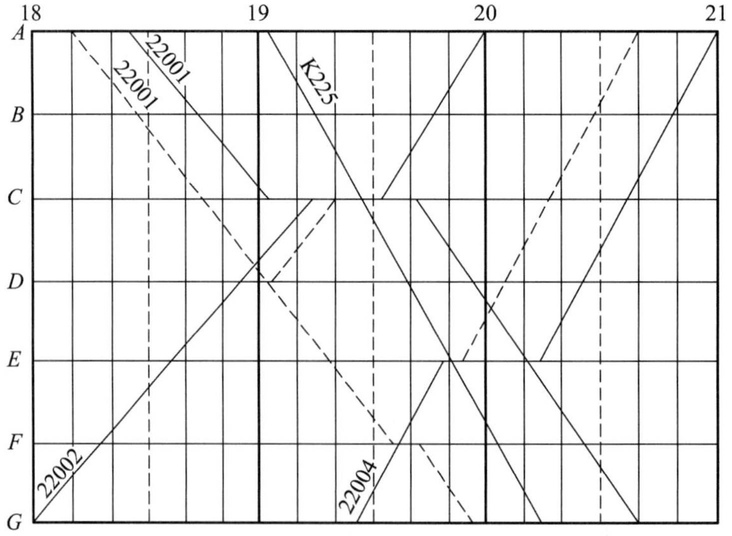

图 3-4　变更会让地点示意图

有列车晚点时（见图 3-5），11005 次图定在 18:50 到达 *C* 站停会 11006 次，但因

11005 次列车晚点 40 min，此时可将会车地点由 *C* 站改为 *B* 站，这样就保证了 11006 次列车的正点运行。

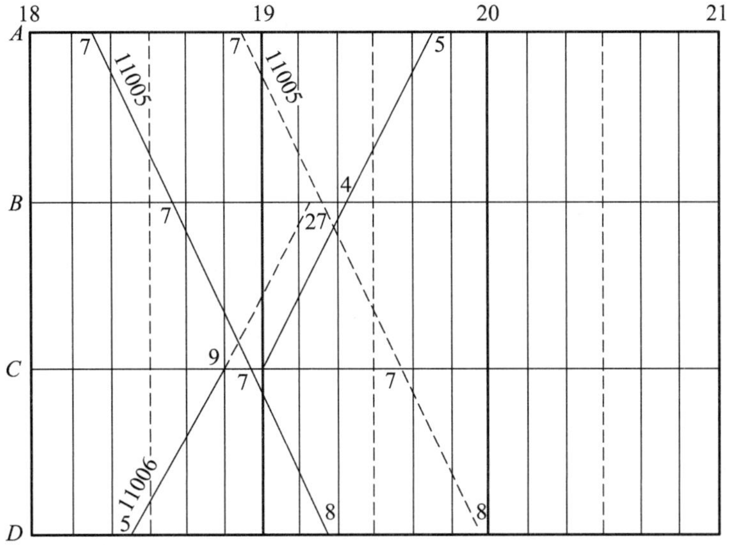

图 3-5 变更会让地点示意图

图 3-6 表示，31001 次图定 16:02 在 *g* 站停车等会 31002 次，由于预计晚点 8 min 到达 *g* 站，列车调度员在列车运行调整计划中改为 31002 次提前 2 min 从 *B* 站出发于 16:05 到达 *g* 站等会，让 31001 次 16:09 通过 *g* 站，正点到达终点 *B* 站，31002 次在 *g* 站于 16:11 出发，晚点 6 min（包括起动附加时分），有望在到达 *A* 站前恢复正点。

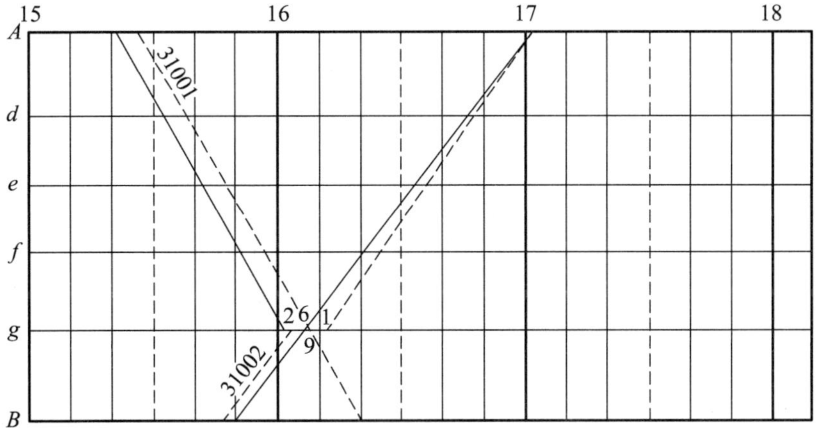

图 3-6 变更列车会让方式

在图 3-7 中，30001 次列车当日停运，列车调度员变更列车交会方式，组织 30004 次通过 *g* 站，30003 次通过 *f* 站，30006 次通过 *g* 站，30005 次通过 *f* 站早点终到 *B* 站。列车早点终到可以提高列车旅行速度，加速机车、车辆周转，及早为技术站提供出发车流；列车运行早点则可以为列车调度员提供列车运行调整的便利。

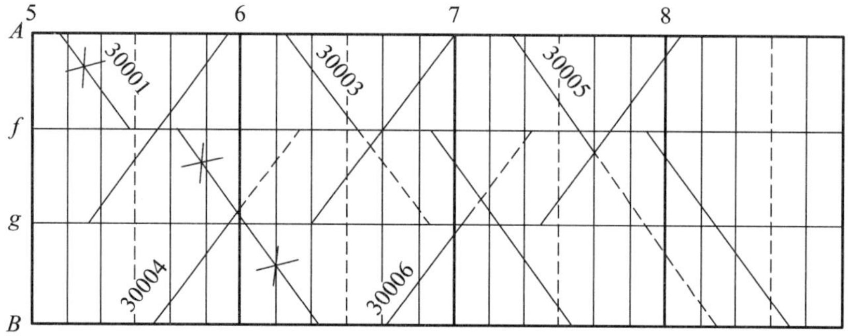

图 3-7　利用停运列车运行线提高旅速

列车调度员在列车运行调整中，正确地规定会车地点和会车方式，不只是能够加速列车的放行，而且，能够质量良好地执行机车周转图。相反，不正确地变更会车地点和会车方式，将会造成列车运行缓慢，降低旅行速度，甚至会打乱机车周转图。在决定变更会车地点或会车方式之前，一定要全面考虑，权衡利弊，分析它对其他列车运行及整个区段内的运行情况有哪些影响，做出合理的选择。

（3）变更列车越行地点。

当列车发生早点或晚点时，往往有变更越行地点的必要。列车调度员要根据具体情况，选择合理的越行地点，以保证列车正点运行，或使晚点列车恢复正点运行。一般遇有下列情况之一时应变更越行地点：

① 前行列车在各区间内连续运缓，将影响后行列车正点运行时。

② 晚点的旅客列车，或运行条件高于货物列车的专用列车赶上货物列车时。

③ 有迅速放行个别列车的特殊指示时。

地点在两个非困难区间之间的车站中选择。这样，可以缩短站停时间，为晚点列车运行创造有利条件。

例如，在图 3-8 中，10002 次图定在 *e* 站技术作业停站 12 min，在 *b* 站待避 K76 次。由于邻区段接入晚点 37 min，列车调度员将待避地点改在 *e* 站，11:11 由 *e* 站出发，

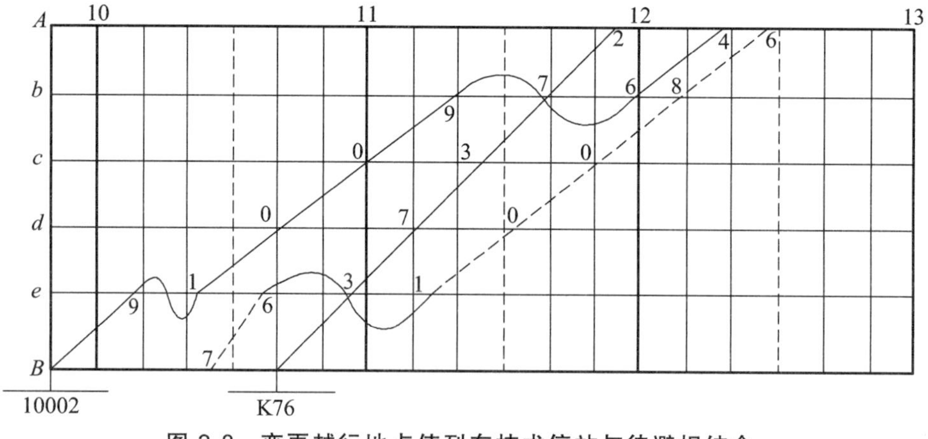

图 3-8　变更越行地点使列车技术停站与待避相结合

12:08 通过 *b* 站，减少晚点 25 min 到达 *A* 站。

如果被越行列车晚点程度不能恰好使越行地点移动一个或一个以上区间时，应组织该列车加速运行，以适应需要。否则，应将被越行列车提前扣下。

可见在变更越行地点时，应尽量将越行地点改在原需停车等会或有作业的车站，使列车越行和作业需要停站相结合，可以压缩列车总的停站时间，为晚点列车恢复正点，或使被较高级的晚点列车越行的列车不受晚点列车的影响。

（4）组织反方向行车。

我国铁路信号机的设置位置及机车司机的操纵位置均在列车运行方向的左侧（有双向闭塞设备者除外）。所以，在双线区段（或在单线区段内的双线区间），列车应按左侧单方向运行，称为正向运行。

列车调度员在调整列车运行时，当双线正方向线路封锁施工、发生自然灾害或事故影响中断行车，或一方向列车密度大而另一方向列车密度小时，可以按《铁路技术管理规程》规定组织反方向行车。

在组织列车反方向运行时必须停止基本闭塞法，改用电话闭塞。同时，因接车站无反方向进站信号机，须用引导办法接车，在安全上有不利的一面，所以，列车调度员必须查明区间空闲以后，方可向两端站发布准许列车反方向运行的调度命令。为了保证旅客的安全，只准在特殊情况下（如正方向线路封锁施工或发生事故、自然灾害中断行车时），经铁路局集团公司调度所值班主任准许，方可办理客运列车反方向运行。

如图 3-9 所示，按运行图规定 42158 次列车要在 *C* 站待避 2416 次，又要会 25665 次，现 25665 次因故停运，同时 42158 次在 *B* 站的甩挂作业量较大，在此种情况下，列车调度员可组织利用下行线的空闲时间，在保证安全的前提下，组织 42158 次列车在 *C*—*B* 区间反方向运行，这样就可以保证 42158 次摘挂列车在 *B* 站有充分的作业时间，并保证其正点运行。

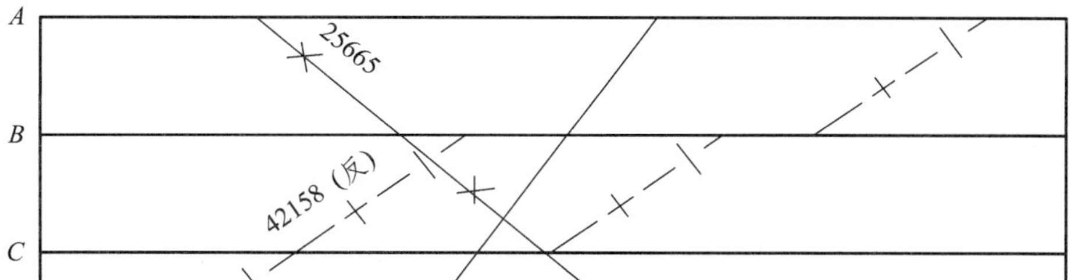

图 3-9　组织列车反向运行示意图

列车调度员在组织反方向行车时，应注意以下几点：

① 在组织反方向行车时，一般应反向开行重量比较轻的列车（摘挂列车或小运转列车）及单机。因为在使用引导信号或由引导人员以手信号引导接车时，为保证列车进站的安全，列车应以不超过 20 km/h 的速度进站，并应随时做好停车的准备，以防

万一进路准备错误或进路上有障碍物时，可以在短距离内立即停车。重量比较轻的列车或单机因故停车及停车后起动均较方便，不容易耽误对向列车。

② 对反方向运行列车的区间运行时分，应按规定的标准加 3～4 min。这是因为该种列车以 20 km/h 的速度引导进站，延长了进站走行时间。

③ 正确掌握反向运行的列车在其接车站与待发的正向（对向）列车的会车间隔时间。

④ 在区间线路封锁施工需组织反方向行车时，应正确掌握施工封锁时间。

⑤ 应督促和检查反方向运行列车的接车站的车站值班员及时准备好接车进路，准备迎接由两条正线上开来的两列同向列车。在接车站无引导信号时，应督促车站值班员及时派出引导人员，保证及时将列车引导进站，避免站外停车。

（5）组织列车合并运行。

当列车运行密度大，区间通过能力紧张或编组站到发线使用紧张时，列车调度员对某些单机、小运转列车或牵引辆数较少而运行前方各站无作业的列车可以采取合并运行的办法，可以缓和接车线路紧张的矛盾。

如图 3-10 所示，将两个在途列车（包括单机）合并成一条运行线运行，是列车调度员在调整列车运行时，为了缓和区间通过能力和车站到发线使用紧张时采取的一种运行调整方法。一般是对单机、小运转列车或牵引辆数较少而前方又无作业的列车采用此方法。将单机 51008 次与 32326 次列车合并，不但节省了一条运行线，而且还可以增加 32326 次列车的牵引力。

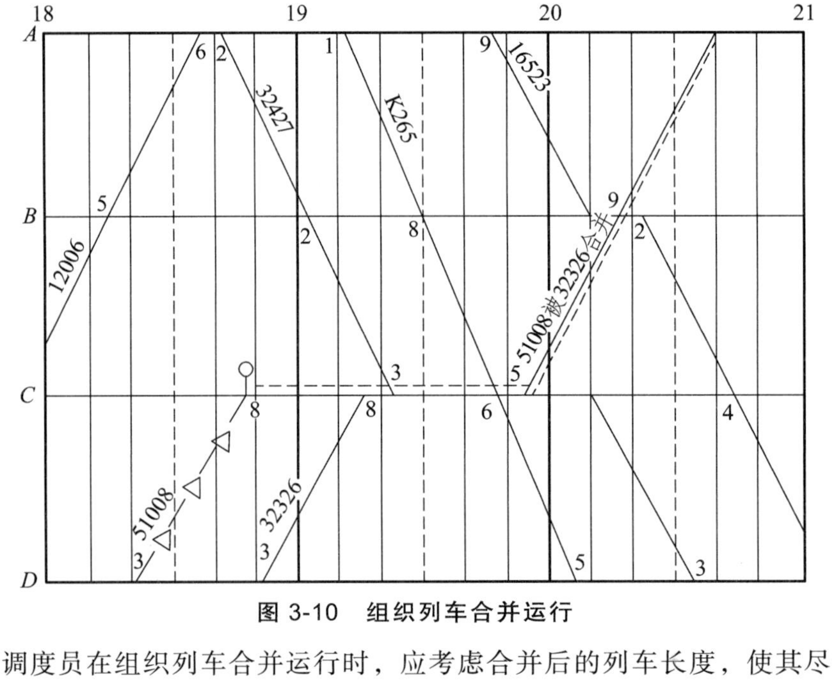

图 3-10　组织列车合并运行

列车调度员在组织列车合并运行时，应考虑合并后的列车长度，使其尽量不超过图定计长。若超过时，应尽量组织该列车不停车通过前方各中间站。同时，应根据机车乘务员连续劳动时间的长短、合并与分开作业方便条件等选择好列车合并后的本务机车及值乘的运转车长。

（6）变更机车给水站或组织列车通过给水站。

在蒸汽机车牵引区段，列车调度员根据列车运行调整的需要，可以组织列车变更给水站或通过给水站，以便加速放行列车，提高旅行速度。

列车调度员在采取变更列车给水站或通过给水站的运行调整措施时，司机的配合很重要。一定要事先与司机联系好，征得司机的同意。同时，要通知运转车长和有关站的车站值班员，使他们做好准备工作。只有这样，才能实现变更给水站或通过给水站的运行调整计划，达到既能加速放行列车，又能保证行车安全的目的。

（7）组织车站快速、平行作业，缩短列车作业停站时分。

列车在运行途中进行的作业，包括在技术站的中转作业，旅客列车在客运站办理旅客乘降、行包和邮件装卸、上水、进备品和餐料、卸垃圾袋，摘挂列车在中间站甩挂车辆，列车在进入长大坡道的后方站进行技术检查、下坡凉闸等。

① 缩短停站时间。为了使晚点列车恢复正点，列车调度员应把握压缩列车区间运行时分和在站作业时间两项可能性。对于晚点列车，缩短在有作业车站的停站时间是减少晚点或恢复正点的非常有效的方法。在采用这一方法时，列车调度员应及时与车站和列车乘务组联系，组织车站提前做好准备，进行快速作业，按可能发车的最早时刻发出列车。

② 利用列车接续的宽裕时间。在运行图中，列车在站的停点，特别是在技术站，往往有一定弹性。图定停站时间的宽裕部分，也是列车调度员可以利用的运行图资源。

例如，在图 3-11 中，直通列车在 B 站的无改编中转作业时间标准为 40 min，图定 10003 次列车在 B 站的接续时间为 55 min。10001 原定 20:40 通过 k 站，由于晚点 6 min 造成 10002 次列车晚点至 20:48 可以从 k 站发车，并进一步影响到 10003 次在 j 站外停车。列车调度员考虑到 10003 次在 B 站的接续时间有宽余，改 10002 次列车 20:49 从 k 站发车，21:17 通过 j 站，令 10003 次在 A—j 区间赶点 1 min，于 21:13 到达 j 站等会 10002 次，21:19 从 j 站出发。这一措施，使 10002 次列车免于晚点，10003 次列车晚点 6 min 到达 B 站，可以正点由 B 站出发，消除了 10001 次列车晚点的影响。

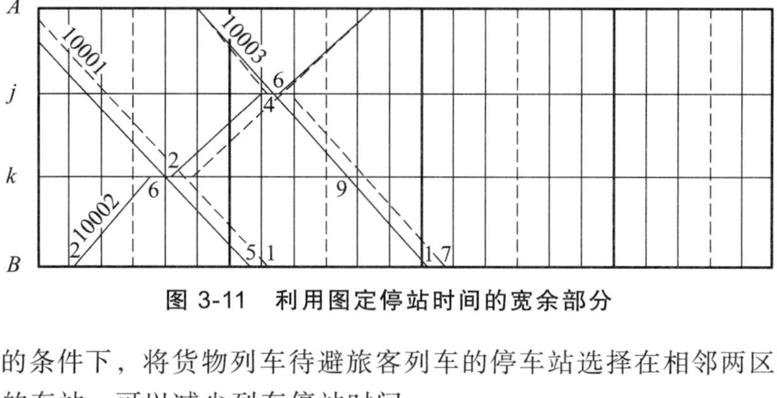

图 3-11　利用图定停站时间的宽余部分

在可能的条件下，将货物列车待避旅客列车的停车站选择在相邻两区间列车运行时分均较小的车站，可以减少列车停站时间。

（8）组织技术站始发或中转列车早开。

列车在运行图或日（班）计划规定的出发时刻之前提早开出称为列车早开。组织列车早开而赶上在指定站交会，也是列车调度员采用的运行调整方法之一。但有停点的旅客列车及混合列车不准早开。

如图 3-12 所示，20013 次列车图定 7:35 从 *A* 站出发，7:57 在 *b* 站停车等会 12012 次。当日 12012 次晚点 36 min，于 8:37 到达 *b* 站。如 20013 次仍在 *b* 站等会也将晚点，但因时间不足又不能铺画到 *c* 站。如能组织 20013 次提前 7 min 从 *A* 站出发，则可于 8:12 赶到 *c* 站与 12012 次会车，避免了 20013 次列车运行晚点。由于 20013 次早点到达，又为调度调整提供了余地。

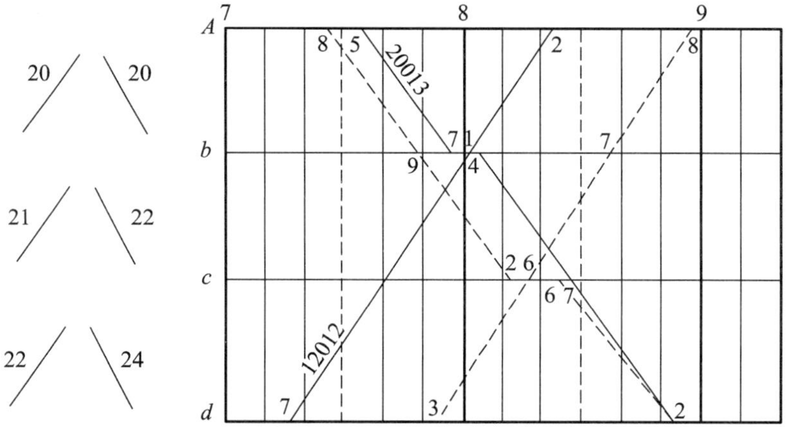

图 3-12　组织始发或中转列车提前从技术站发车

（9）组织列车早点出发并赶点。

如图 3-13 所示，40003 次摘挂列车图定在 *b*、*c* 站均需停站作业，根据当日情况，40003 次 *b* 站没有作业，而在 *c* 站作业量大。为了保证列车 *c* 站有足够的作业时间，可组织 40003 次通过 *b* 站，到 *c* 站会 10002 次。但 *A*—*b* 和 *b*—*c* 两区间下行货物列车纯运行时间 33 min、起停附加各 1 min，而实际只有 31 min。在该两个区间内赶点 4 min 有困难，而在 *b* 站等会 10002 次又会因 *c* 站作业时间不足，不得不晚点出发，进而影响其他列车运行。如列车调度员有预见地组织 40003 次列车早点 3 min 从 *A* 站出发，途中再赶点 1 min，到 *c* 站会 10002 次，则可延长 40003 次在 *c* 站的作业时间，避免了从 *c* 站晚点出发。

（10）组织列车早点到达。

列车调度员在调整列车运行工作中，在组织列车正点始发、正点运行的同时，有时还应组织列车早点到达。

组织列车早点到达的目的，一般是：赶机车交路；赶列车车流接续；化无效车为有效车，增加卸车数；超额完成排空或交重任务等。组织列车早到的措施，是根据列车运行实际情况，综合运用上述各种列车运行调整方法。

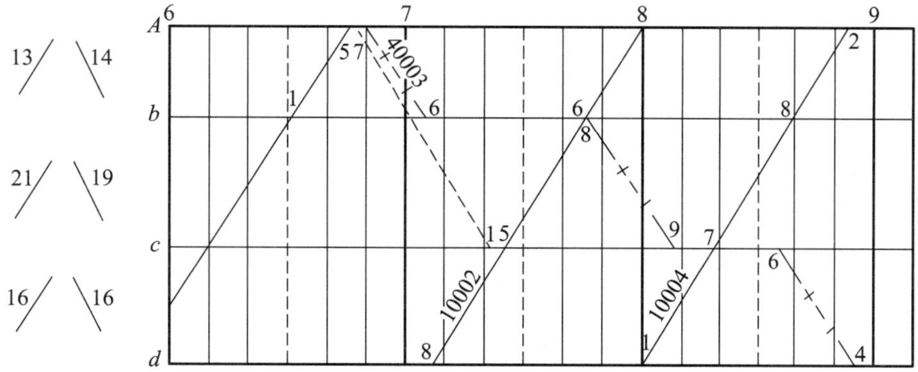

图 3-13　根据作业需要组织摘挂列车运行

以上所述各种列车运行调整方法，均应通过三四小时列车运行调整计划去组织实现。

三、实验设备

模拟车站值班员的车站控制机　　1 套
模拟线路、车站等的显示设备　　1 套
列调控制机及调度集中控制系统　　1 套
用于运行实绩图输出的打印机　　1 台

四、实验步骤

第 1 步，熟悉列车运行调整的原则。
第 2 步，编制前调查研究、收集资料。
第 3 步，按下列要求编制列车运行调整计划。

1. 正铺与倒铺相结合

在编制计划时，一般优先铺画旅客列车和重点列车运行线。必要时，优先安排困难区间的列车运行，充分利用通过能力。在运行图表上铺画计划运行线时，采用正铺与倒铺相结合的方法。

如图 3-14 所示，42206 次列车计划在 *G* 站进行摘挂车作业量比较多，什么时间开才能赶到 *D* 站会 K519 次客车？如果从 *G* 站开始铺画，往往时间算不准而返工，若采取从 *D* 站向 *G* 站倒铺，一次铺出 *G* 站 19:09 必须开车。采取正铺与倒铺相结合的方法铺画节省了时间。

编计划时，应注意留有余地，为各种必需的作业留足充分的作业时间，必要时，可拟定两个以上的调整方案，以适应情况的突然变化。

在安排列车运行计划时，还应特别注意本区段技术站自编始发列车的车流接续和机车交路，以保证技术站有良好的工作秩序。

在编制计划时，一般采用“满表铺线，分段编制”的方法。具体做法是：接班后，根据所掌握的情况粗线条地将列车计划线铺画到 18:00（06:00），然后按照三四小时阶段计划编制列车运行调整计划。在“满表铺线”的基础上，执行上一个阶段计划列车运行调整计划的同时，边收集资料，边铺画下一个阶段的列车运行调整计划。这样一步一步地进行，在列车运行调整计划执行前 1 h 编制完成。

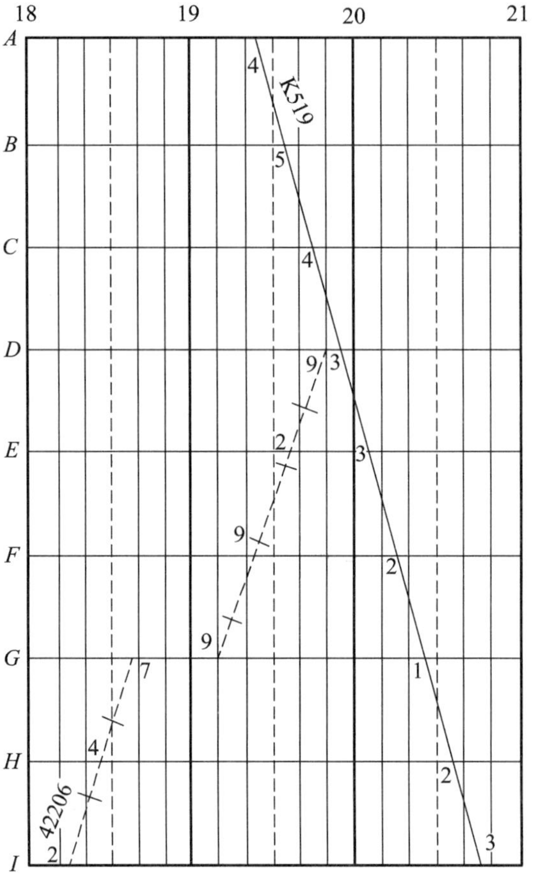

图 3-14　正铺与倒铺相结合铺画计划运行线

2. 缩短列车区间运行时分标准（见表 3-1）

表 3-1　列车区间运行时间标准

区　间	彭山—太和	太和—眉山	眉山—鲜滩	鲜滩—思蒙	思蒙—吴场	吴场—马村	马村—乐山
时分/min	1	0	1	0	1	1	2

3. 设法组织快速作业，缩短站停时间标准

在站作业时分压缩量为原作业时分的 20%。

第 4 步，下达计划。

列车调度员编制完毕列车运行调整计划后，应在计划开始实行前 1 h 下达有关站、段。根据所辖区段的具体情况，可采取集中、分段或个别下达的方法。不管采取哪种下达方法，都应向执行者交代清楚，使其心中有数，以便达到运行调整的预期效果。

下达的主要内容有：

① 编组站、区段站列车到发车次、时刻、机车型号、编组内容及辆数。

② 中间站列车会让计划及会车注意事项。

③ 重点列车、超限列车及限速列车运行注意事项。

④ 摘挂列车甩挂作业及货物装卸作业计划。

⑤ 区间装卸车及施工计划。

⑥ 调车机车、小运转机车运用及重型轨道车运行计划。

⑦ 中间站始发列车的车流来源、出发时刻及机车、运转车长的安排。

⑧ 其他事项（如上级指示、安全情况、重点工作等）。

第 5 步，组织实现。

列车调度员下达完毕列车运行调整计划，并不是工作的结束，而仅仅是工作的开始。列车调度员的列车运行调整计划只是列车运行工作的具体部署，是纸上的东西。列车调度员本人并不直接参加现场实际工作的操作。要把纸上的计划变成现实，要靠组织行车有关各部门的职工进行密切配合。

在计划执行过程中，列车调度员要随时盯住列车运行情况。特别是对关键列车（如在旅客列车前运行的货物列车，或旅客快车前运行的旅客慢车等）和困难车站，要及时收点，填画列车运行实绩图，监督列车的运行，以便发现问题及时采取调整措施，保证列车安全正点运行。

第 6 步，计算机自动绘制列车运行实绩图。

列调控制机根据车站值班员的报点及时收点，填画列车运行实绩图。

第 7 步，输出列车运行实绩图。

利用打印机输出调整计划后的列车运行实绩图。

第 8 步，在实绩图中填画运行整理符号。

在填画列车运行实绩图时所用到的列车运行线及整理符号按《调规》及《补充细则》中的规定填画。

（1）思蒙—吴场区间 135 km + 36 m 处因线路施工于 14:52—16:13 限速 30 km/h 慢行，慢行附加时分 5 min。

（2）眉山—鲜滩区间 100 km + 55 m 处因自然灾害利用列车间隔时间于 12:03—13:11 施工（不封锁区间）。

（3）吴场站 09:15—10:12 半自动闭塞设备因故无法使用，改电话闭塞。

（4）37016 次列车在鲜滩站本无甩挂作业，但需担任临时调车作业 20 min；37023 次列车在思蒙站本无甩挂作业，但需担任临时调车作业 25 min。

列车运行及运行整理符号的填画要求如下：

（1）早点用红圈，晚点用蓝圈记在锐角内，圈内注明早、晚点时分。晚点原因可用简明略号注明，如因编组晚点可只写“编”字。

5622：等旅客上下；	37016：编组晚点；	37019：等机车交路；
K942：灾害影响；	16001：等车流集结；	8620：机车故障；
K165：邻局影响；	37029：车辆故障；	37022：调度指挥不当；
85972：事故影响；	44171：甩挂作业；	K118：其他原因。

（2）列车运缓时，在列车运行线上方用蓝色笔标明运缓时分；赶点时在列车运行线上方用红色笔标明赶点时分。

（3）当变更列车会让地点或会让方式时，应填画列车让车符号。

（4）旅客列车因故侧线通过时，应填画相应符号。

五、实验报告要求

（1）认真完成实验报告，报告要用实验报告纸，书写工整，按时上交。

（2）对思考题应能依据实验过程做出相应的回答。

（3）在实绩图上填画相应运行图整理符号。

六、实验注意事项

（1）未经允许不能携带存储盘进入实验室。

（2）严格按照实验步骤操作计算机，不准进入计算机其他系统。

（3）不准修改、删除计算机内所有文件。

（4）爱护实验室设备。

七、思考题

（1）列车运行调整的原则是什么？

（2）列车调度员在编制列车运行调整计划前需要了解和收集的主要资料有哪些？

（3）组织列车早点到达的目的是什么？

（4）简述列车运行晚点的原因以及组织列车运行正点的方法。

实验四　复线自动闭塞调度监督列车运行指挥实验

一、实验目的

（1）了解复线自动闭塞调度监督区段调度指挥原理。
（2）熟悉复线自动闭塞调度监督区段相关设备状态及调度指挥相关规章。
（3）熟悉复线自动闭塞调度监督系统相关界面。
（4）熟悉复线自动闭塞调度监督区段计划运行图的编制依据与方法。
（5）掌握复线自动闭塞区段运行实绩图的绘制方法。

二、概　述

对于复线自动闭塞调度监督模式，列车调度员根据班计划用计算机直接绘制计划图，根据运行中出现的实际情况用计算机实现三四小时运行调整计划，通过计算机网络向“车站值班员”（即本系统中的车站控制计算机）下达各站列车到发、交会、越行计划，由操作机自动实现进路的排列工作，“车站值班员”（车站控制计算机）通过网络向列车调度员报“点”（报告列车到、发、通过车站时刻），列车调度员应随时收取车站关于列车到、发、通过时刻的报告，及时、正确、完整地填记列车运行实绩图，主动向局集团公司调度所报告列车运行概况。在调监屏上显示列车运行及各站接发列车情况。

三、实验设备

模拟车站值班员的车站控制机	1 套
模拟线路、车站等的显示设备	1 套
列调控制机及调度集中控制系统	1 套
用于运行实绩图输出的打印机	1 台

四、实验步骤

第 1 步，了解对现场复线自动闭塞调度监督区段软件、硬件环境的模拟以及相关设备状态。

（1）了解车站、区间设备状态。
（2）了解列调工作环境。

第 2 步，了解复线自动闭塞调度监督区段调度指挥原理及过程。

第 3 步，熟悉系统相关界面。

（1）工具栏（见图 4-1）。

图 4-1　工具栏

（2）班计划（见图 4-2）。

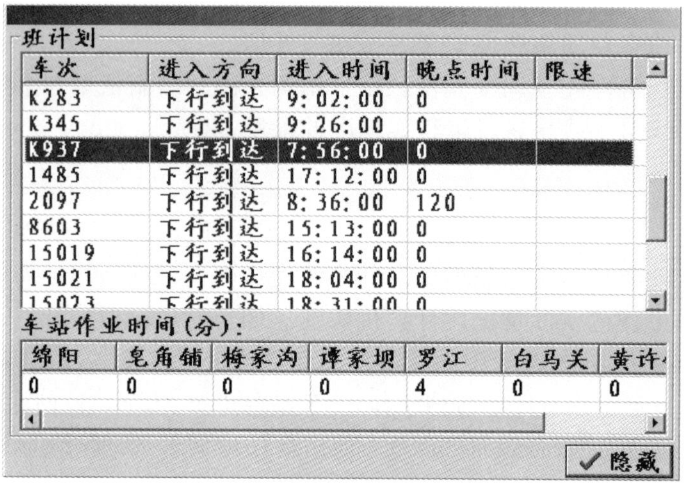

图 4-2　班计划

（3）列车状态（见图 4-3）。

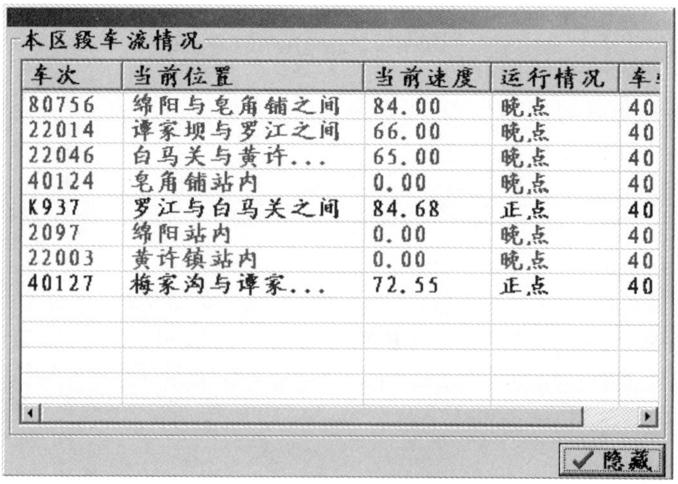

图 4-3　列车运行状态

（4）车站状态（见图 4-4）。

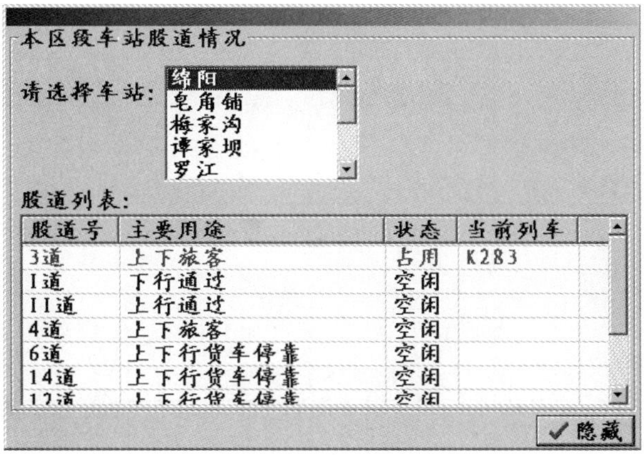

图 4-4　车站状态

（5）区间状态（见图 4-5）。

图 4-5　区间状态

（6）列车时刻（见图 4-6）。

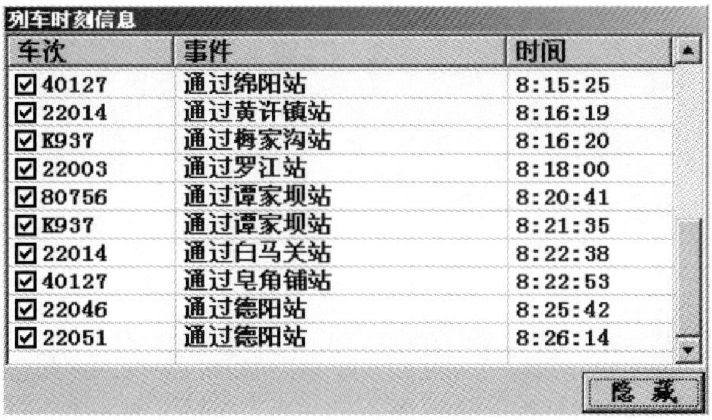

图 4-6　列车时刻信息

（7）基本图（见图 4-7）。

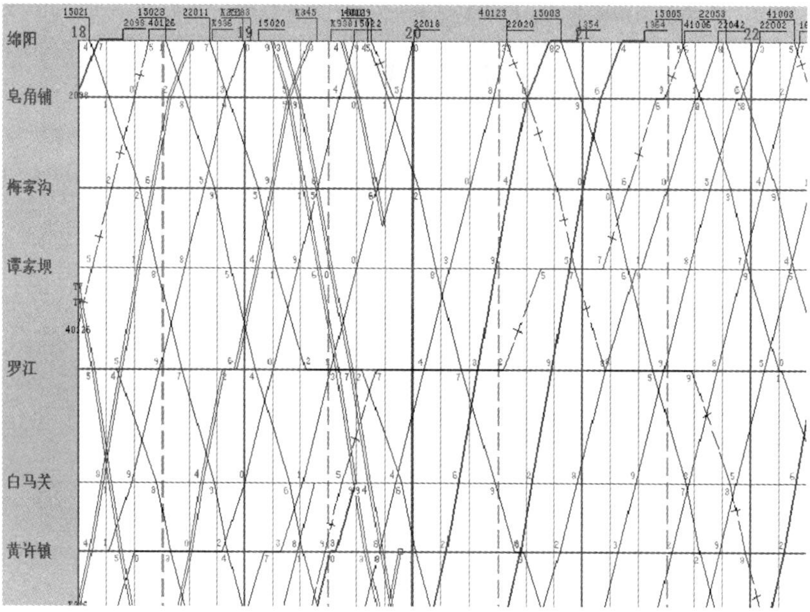

图 4-7　基本运行图

（8）工作区（见图 4-8）。

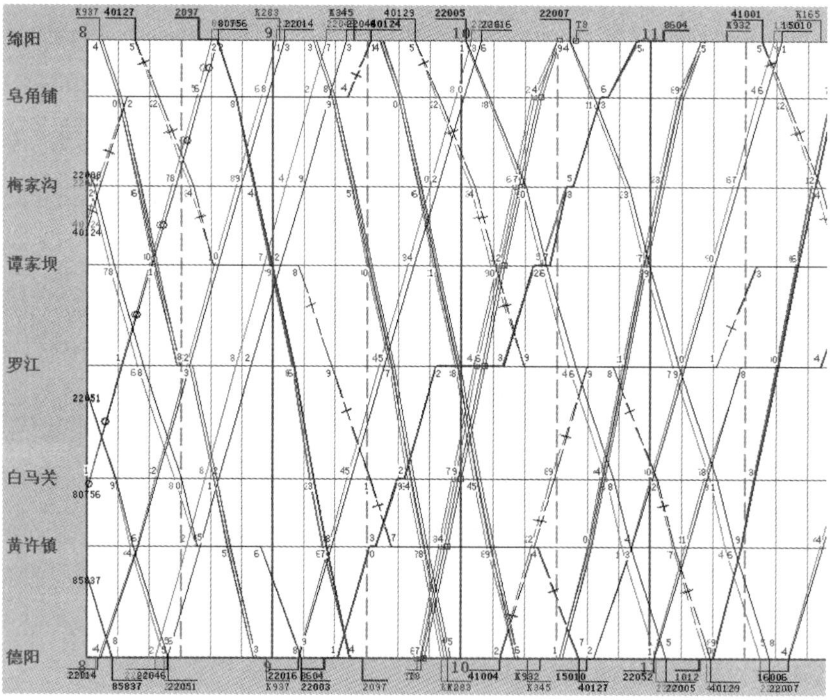

图 4-8　工作区

（9）输入列车时刻（见图 4-9）。

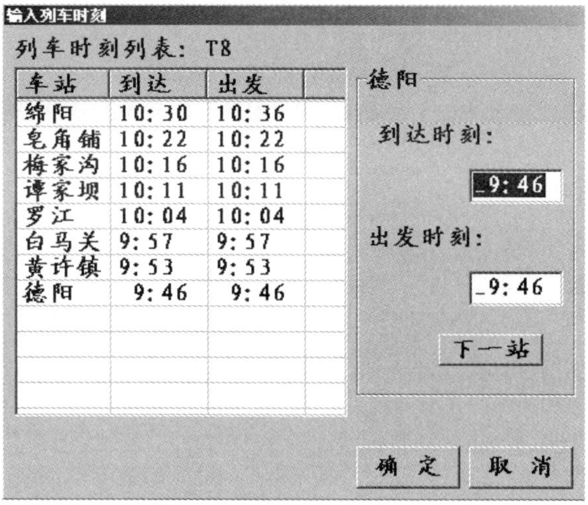

图 4-9 输入列车时刻

（10）各区间列车运行时分列表（见图 4-10）。

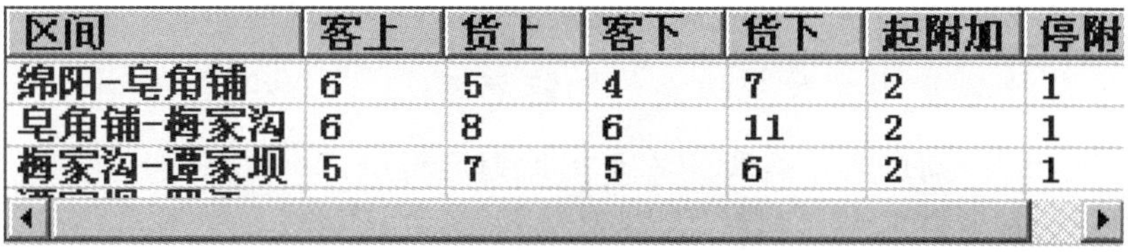

区间	客上	货上	客下	货下	起附加	停附
绵阳-皂角铺	6	5	4	7	2	1
皂角铺-梅家沟	6	8	6	11	2	1
梅家沟-谭家坝	5	7	5	6	2	1

图 4-10 区间列车运行时分

第 4 步，根据班计划铺画列车运行图。

1. 按要求设置初始状态

（1）采用 2 倍正常速度；手工绘制实绩图；调度班次：08:00—22:00；自动制定 2 小时初始计划；难度设置为难；晚点率高；晚点程度为 30 min 以内，如图 4-11 所示。

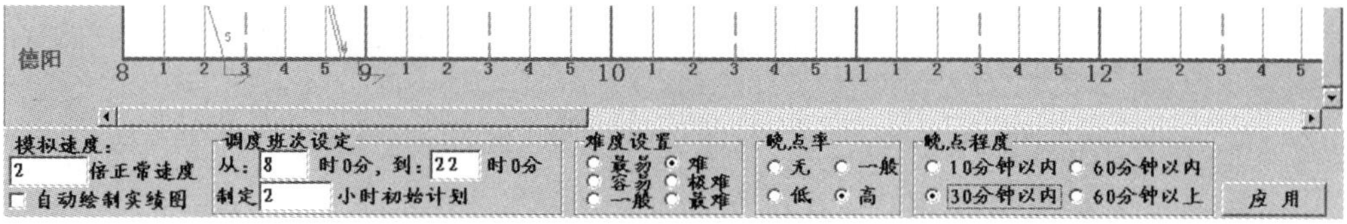

图 4-11 初始状态设置

（2）点击“应用”按钮生成本班计划。

2. 了解运输生产情况及日（班）计划任务

（1）按时间排序查看班计划，如图 4-12 所示。

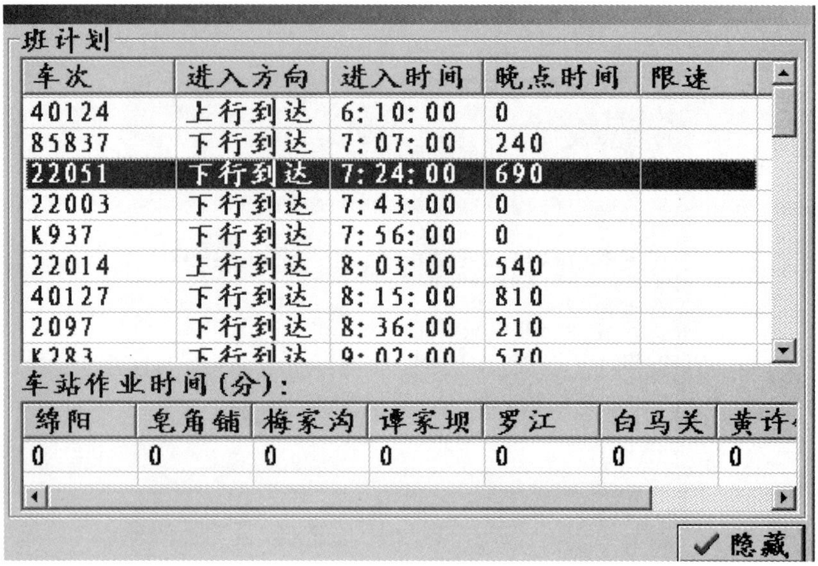

图 4-12　查看班计划

（2）查看交接班时计划执行情况，点击“列车状态”按钮，查看交班时列车状况，认真查看上班列调预铺的 2 小时（08:00—10:00）计划运行线。

3. 根据班计划及相关信息铺画计划运行图

（1）检查 08:00 前进入本区段的列车的计划运行线。

（2）利用输入时刻法或绘制法，按阶段铺画计划运行线，如图 4-13 所示。如果采用“图定时刻法”绘制计划运行线时，注意“图定时分”是基本图中时分，绘制完计划运行线后要看班计划中该次列车有无晚点，如果列车有晚点，根据列车调度运输指挥的原则对该次列车运行线进行调整。

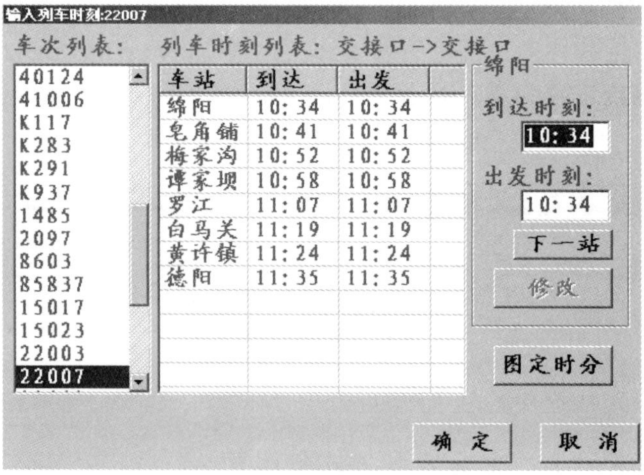

图 4-13　输入列车时刻

注：① 车站间隔时间：$I=6$ min；② 无双方向技术需要停车站。

（3）检查铺画的各阶段计划运行线。

4. 根据当前时间线监督列车的运行以及车站接发列车的情况（见图 4–14）

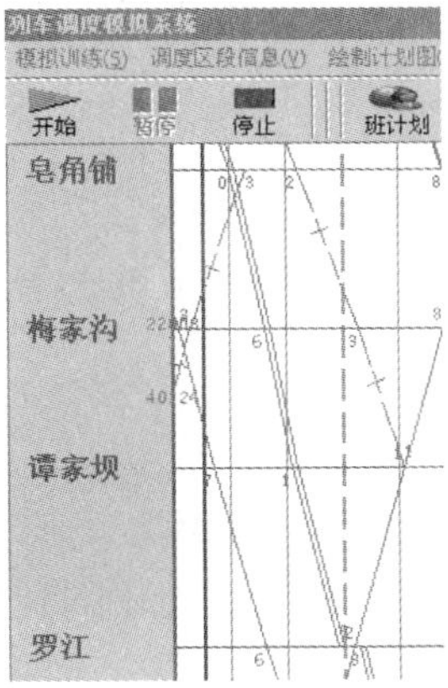

图 4-14　列车运行监督

第 5 步，根据车站报点及时收点，填画列车运行实绩图。

（1）点击列车时刻信息，收取各站报点信息，如图 4-15 所示。

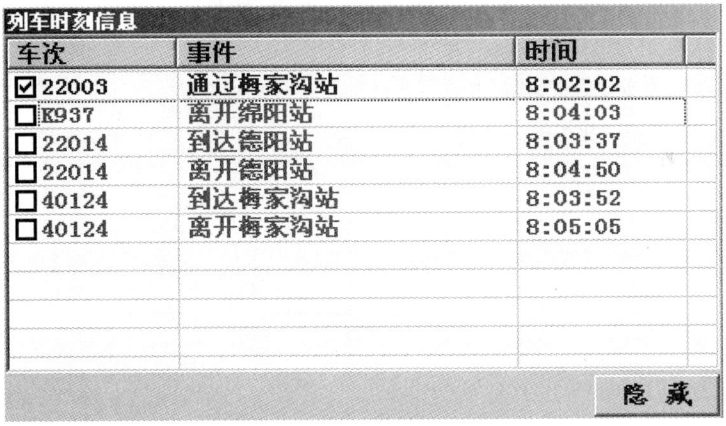

列车时刻信息

车次	事件	时间
☑22003	通过梅家沟站	8:02:02
☐K937	离开绵阳站	8:04:03
☐22014	到达德阳站	8:03:37
☐22014	离开德阳站	8:04:50
☐40124	到达梅家沟站	8:03:52
☐40124	离开梅家沟站	8:05:05

隐 藏

图 4-15　收取各站报点信息

（2）点击运行图快捷图标按钮，切换绘制模式到实绩图，如图 4-16 所示。

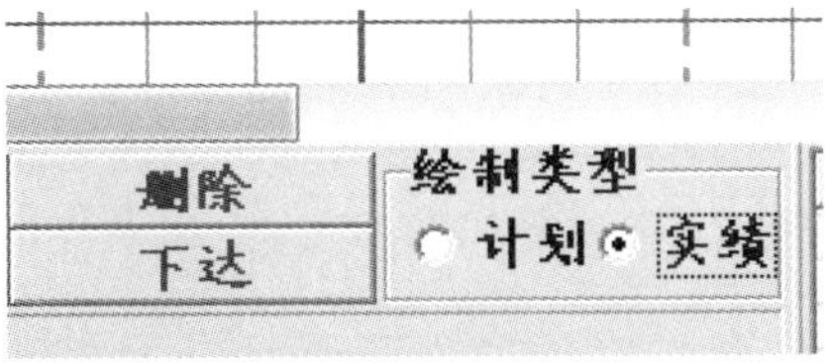

图 4-16　切换绘制模式到实绩图

（3）用输入时刻法或直接绘制法绘制列车实绩图。

第 6 步，按列车调度指挥的基本方法完成本班调度指挥任务，绘制出本班计划运行图和实绩图。

第 7 步，打印计划运行图及实绩图。

五、实验报告要求

（1）认真完成实验报告，报告要用实验报告纸，书写工整，按时上交。

（2）对思考题应能依据实验过程做出相应的回答。

六、实验注意事项

（1）未经允许不能携带存储盘进入实验室。

（2）严格按照实验步骤操作计算机，不准进入计算机其他系统。

（3）不准修改、删除计算机内所有文件。

（4）爱护实验室设备。

七、思考题

（1）复线自动闭塞与单线半自动闭塞在铺画计划图时有什么区别？

（2）计划图、实绩图的绘制依据是什么？

（3）对晚点列车如何恢复正点运行？

实验五 复线自动闭塞调度监督列车运行调整实验

一、实验目的

（1）能够完成复线自动闭塞调度监督区段一个班的调度任务并达到一定的指标；
（2）掌握复线自动闭塞区段列车运行调整的原则；
（3）掌握复线自动闭塞区段组织列车始发正点与运行正点的方法；
（4）熟悉列车运行整理符号的表示方法。

二、概　述

列车运行调整计划（也叫阶段计划或会让计划）是列车调度员组织实现日（班）计划的具体行动计划，由列车调度员和车站值班员负责编制和组织实施，每一阶段可根据具体情况划分为 3 h 或 4 h。在编制列车运行调整计划时，一定要全局观点出发，既要保证重点，又要做好全面安排。对正点列车要按列车运行图做出运行计划，对晚点列车与早点列车按一定的要求做出运行计划。列车调度员通过运行调整计划，计划与指挥本区段内列车的运行，可以采用集中、分段或个别通知等方式，提前 1 h 将三四小时阶段计划及时向所辖站、段下达发车计划及列车会让计划；向主要站、段、邻台（所）进行列车到达预确报；促使行车有关人员密切配合，协调动作，按照列车运行调整计划的要求，提前做好准备工作，保证实现列车运行调整计划，质量良好地完成日（班）计划所规定的各项任务。

三、实验设备

模拟车站值班员的车站控制机	1 套
模拟线路、车站等的显示设备	1 套
列调控制机及调度集中控制系统	1 套
用于运行实绩图输出的打印机	1 台

四、实验步骤

第 1 步，熟悉列车运行调整的原则。
（1）坚持按图行车，提高列车正点率原则。
（2）单一指挥原则。
（3）下级调度服从上级调度指挥的原则。

（4）安全生产原则。
（5）按列车等级进行调整的原则。
第 2 步，编制前调查研究、收集资料。
（1）本区段内客、货列车实际运行情况。
（2）各站的到发线运用及待发列车准备情况。
（3）了解班计划情况。
第 3 步，编制列车运行调整计划。

1. 熟悉对晚点列车与早点列车做出列车运行调整计划的要求

（1）在保证安全的条件下，用最大的旅行速度运行，尽快使晚点列车恢复正点，做到“接晚不增晚，晚点赶正点”。
（2）确定最合理的会让站、越行站。
（3）最大限度地合理使用区段通过能力。
（4）保证必要的车站间隔时间及区间运行时分。

2. 组织列车始发正点

（1）组织旅客列车始发正点
（2）组织货物列车始发正点

3. 组织列车运行正点

（1）熟悉列车晚点的原因。
① 停车待发。
② 停车待接。
③ 作业延误。
④ 途中运缓。
谭家坝—罗江区间 145 km + 37 m 处因线路施工于 11:12—13:08 限速 25 km/h 慢行，慢行附加时分 5 min。
（2）掌握列车运行调整方法。
① 充分利用线路允许速度，缩短列车区间运行时分。
缩短列车区间运行时分标准，见表 5-1。

表 5-1 列车区间运行时间标准

区　间	绵阳—皂角铺	皂角铺—梅家沟	梅家沟—谭家坝	谭家坝—罗江	罗江—白马关	白马关—黄许镇	黄许镇—德阳
时分/min	1	1	0	1	2	0	2

② 变更列车会车地点或会车方式。
③ 变更列车越行地点。

④ 保证必要的车站间隔时间。

$$\tau_{不}=4\ \text{min},\quad \tau_{连}^{\text{I}}=4\ \text{min},\quad \tau_{连}^{\text{II}}=2\ \text{min}$$

⑤ 组织反方向行车。
⑥ 组织列车合并运行。
⑦ 变更机车给水站或组织列车通过给水站。
⑧ 组织列车进行快速、平行作业，缩短列车停站时间。
在站作业时分压缩量为原作业时分的 20%。

4. 组织列车早点到达

略。

5. 检查列车运行调整的合理性

略。

第 4 步，下达计划。

（1）下达各站列车到发车次、时刻。

（2）下达中间站列车会让计划及会车注意事项。

（3）下达列车越行计划。

第 5 步，组织实现。

列车调度员要随时监督列车运行情况以及车站接发列车情况，以便发现问题，及时采取调整措施，保证列车安全正点运行。

第 6 步，计算机自动绘制列车运行实绩图。

列调控制机根据车站值班员的报点及时收点，填画列车运行实绩图。

第 7 步，输出列车运行实绩图。

利用打印机输出调整计划后的列车运行实绩图。

第 8 步，在实绩图中填画运行整理符号。

在填画列车运行实绩图时所用到的列车运行线及整理符号按《调规》及《补充细则》中的规定填画。

（1）早点用红圈，晚点用蓝圈记在锐角内，圈内注明早、晚点时分。晚点原因可用简明略号注明，如因编组晚点可只写“编”字。

22014：灾害影响；	22046：编组晚点；	2097：等机车交路；
K283：等旅客上下；	22016：等车流集结；	8604：机车故障；
K345：邻局影响；	41004：车辆故障；	16006：调度指挥不当；
41055：甩挂作业；	K206：事故影响；	22009：其他原因。
15018：调度指挥不当；	K117：邻局影响；	22045：货物装卸；
K166：供电设备故障；	15022：邻局影响；	41006：甩挂作业；
1354：机车出库迟缓。		

（2）因施工或其他原因区间内需要慢行时，由开始时起至终到时止，用红色笔画断线表示，并标明地点、原因、限制速度（如双线就标明上行线或下行线），如图 5-1 所示。

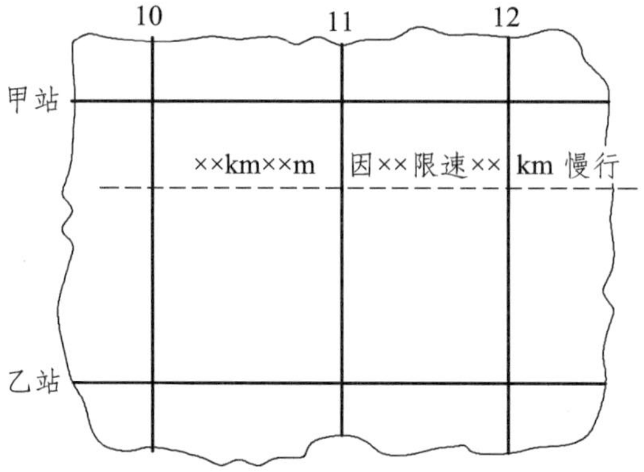

图 5-1　施工慢行

（3）列车运缓时，在列车运行线上方用蓝色笔标明运缓时分；赶点时在列车运行线上方用红色笔标明赶点时分。

（4）电气化区段供电设备检修或故障停用时，在停用时间内以红框加“闪电”符号表示，如图 5-2 所示。

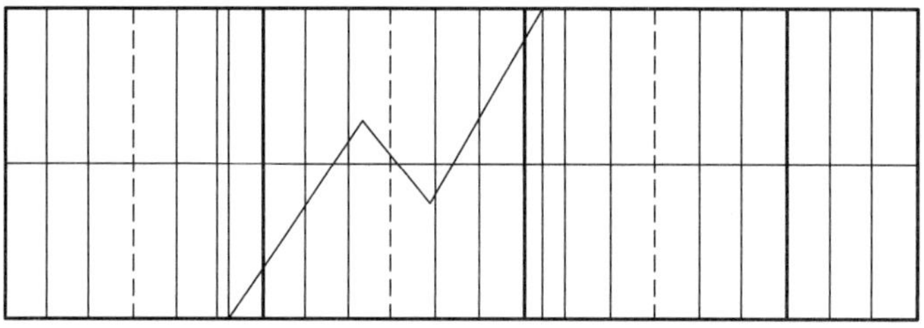

图 5-2　电气化区段供电设备检修或停用

谭家坝—白马关区段 13:43—14:48 供电设备故障停用。

（5）列车在中间站本无甩挂作业，但需担任临时调车作业时，用蓝色钢笔在该站横线列车出发方向画三角表示，并在三角内记明作业时分，如图 5-3 所示。

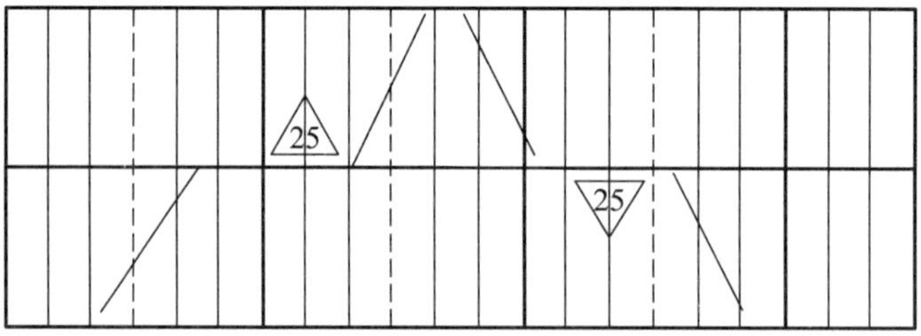

图 5-3　列车担任临时调车作业

16006 次列车在罗江站本无甩挂作业，但需担任临时调车作业 20 min；22045 次列车在罗江站本无甩挂作业，但需担任临时调车作业 30 min。

（6）旅客列车因故侧线通过时，用红色的“侧线三角”符号表示，如图 5-4 所示。

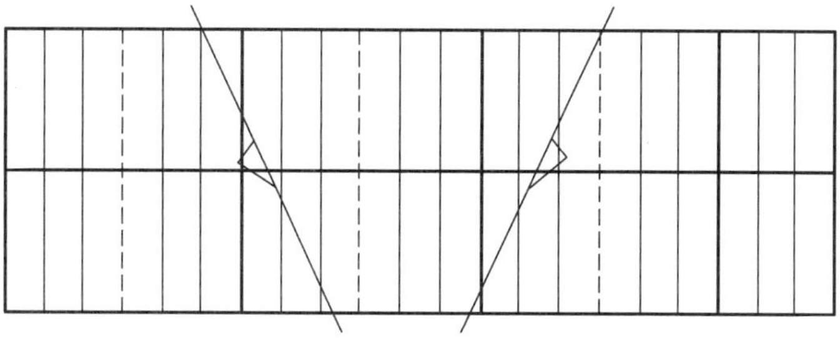

图 5-4　旅客列车因故侧线通过

五、实验报告要求

（1）认真完成实验报告，报告要用实验报告纸，书写工整，按时上交。
（2）对思考题应能依据实验过程做出相应的回答。
（3）在实绩图上填画相应运行图整理符号。

六、实验注意事项

（1）未经允许不能携带存储盘进入实验室。
（2）严格按照实验步骤操作计算机，不准进入计算机其他系统。
（3）不准修改、删除计算机内所有文件。
（4）爱护实验室设备。

七、思考题

（1）复线自动闭塞区段列车运行调整的方法是什么？
（2）简述变更列车越行地点所要满足的情况。
（3）简述组织反方向行车时应注意的问题。
（4）组织列车合并运行的条件及需要注意的问题有哪些？

实验六 解体调车作业计划编制实验

一、实验目的

（1）了解解体计划编制的依据。
（2）掌握解体计划编制的原理及方法。

二、实验原理

将完成到达作业的车列或从货物装卸、车辆检修等地点取回的车列，按其中车辆的去向、车种或所装货物的性质分解到调车场内各指定线路的调车作业称为解体调车作业。车列中遇有禁溜车、禁止过峰车时，应暂停溜放，调车机车牵引车列后退至溜放线和禁溜线分歧道岔前，待道岔开通禁溜线后，将其暂存于禁溜线，再继续溜放。禁溜线上的车辆在适当的时机由驼峰调车机车经迂回线送至调车场。

在作业计划中，必要处应加注简单的说明，以便向调车组做出明确的提示。例如，“全部”表示整个车列全部挂出；当连挂或摘解车数在 5 辆及以上时给出提钩处的车号，在每个溜放钩后面注明该线集结的车辆去向等信息，便于调车组核对；有押运人乘坐的车辆标明“押运”，应注意溜放；作业计划中列出每钩车的吨数为驼峰作业员确定制动能级提供参考等。

三、实验设备

衡阳北编组站管理信息系统　　1 套

四、实验步骤

第 1 步，掌握衡阳北车站线路使用情况。

打开衡阳站图（见图 6-1），根据站细资料，了解衡阳北站车站股道固定使用、车站基本作业组织方法等。

第 2 步，登录系统。

点击桌面如图 6-2 所示的图标。点击图标后，账户和密码部分输入：1010、1011、1012、1013、1014、1153、1160、1200 均可。登录后的系统界面如图 6-3 所示。

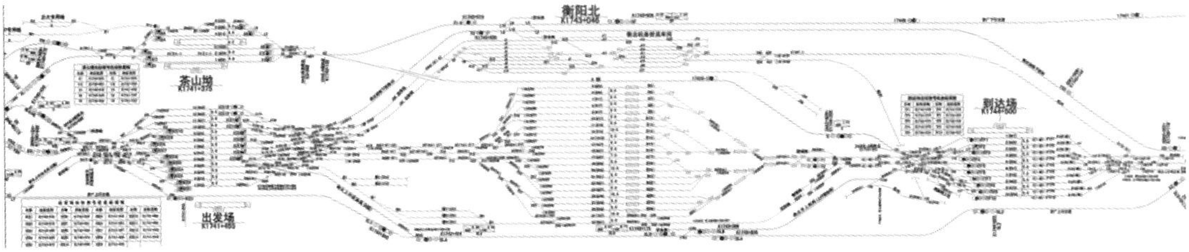

图 6-1 衡阳北编组站示意图

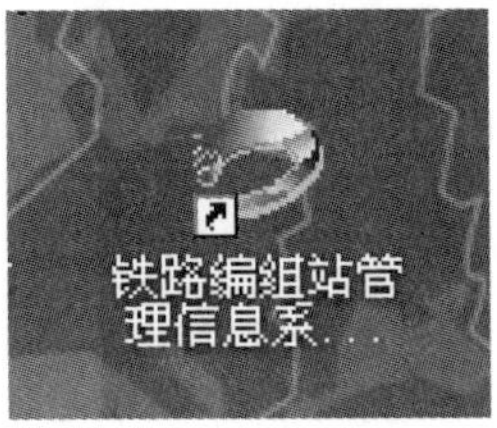

图 6-2 登录系统

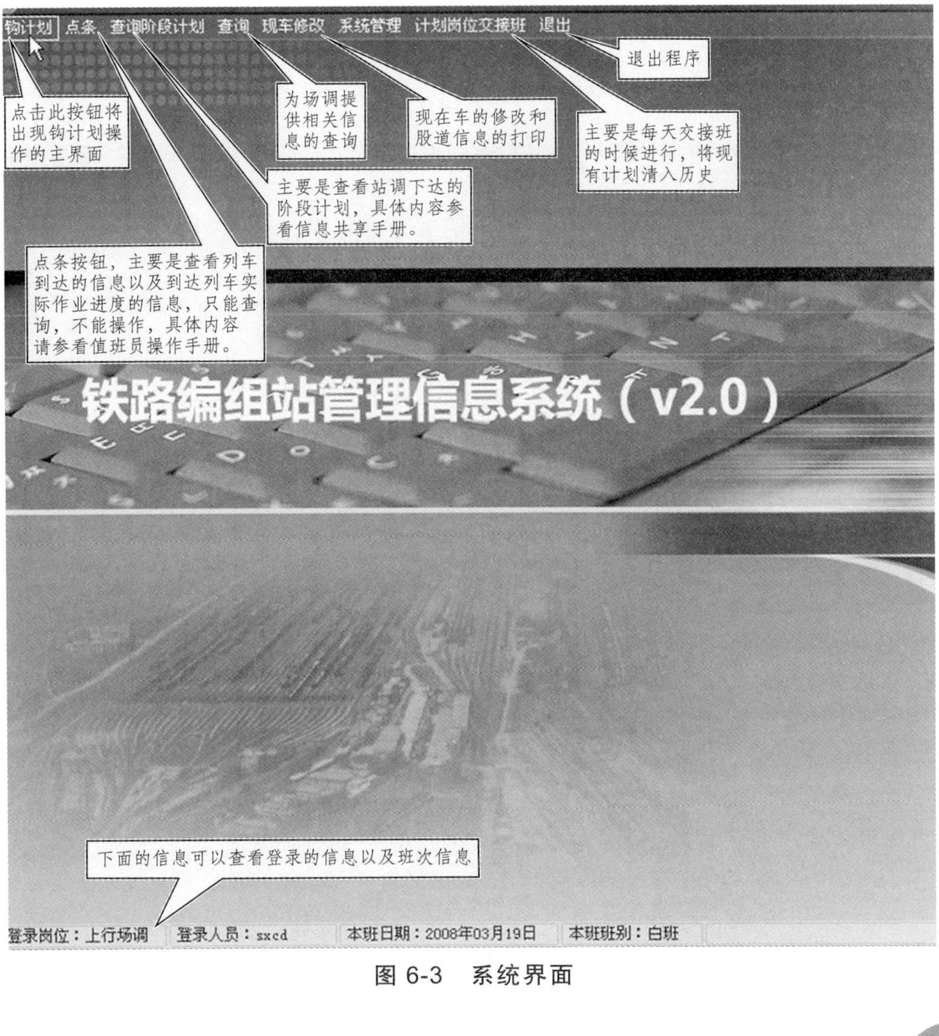

图 6-3 系统界面

第 3 步，选择钩计划，通过毛玻璃查看现车情况。

原始车流在衡阳北 SAM 仿真系统中以毛玻璃现车的形式表达，毛玻璃是没有计算机时代，车站调度人员在毛玻璃上划格，每格表示 1 个股道，列车到达后用铅笔把编组内容在格子上写上，车流变动后及时对股道内容进行修改。在进入计算机管理时代后，仍沿用毛玻璃的概念，对编组站的现车进行管理。

解体调车作业计划的开始就是熟悉毛玻璃现车情况，了解到达场、调车场现车情况。毛玻璃里的现车到站各不相同，编组站要求解体后车辆在调车场内按照去向集结，用方向号（数字形式）来表示车辆的去向，根据编组计划的要求，各个不同到站的车辆，根据编组站的编组计划用对应的方向号来表达，在调车作业编制时就不用考虑车辆到站具体在路网的哪个位置，只要考虑组号就行了，简化了调车计划编制的过程。毛玻璃里现车有水平和竖直两种显示方法，水平毛玻璃显示如图 6-4 所示，某股道现车为“41/20 53/4 51”，分数中分子为方向号，分母为车辆数，如果只有 1 辆车就用数字直接表达。在毛玻璃里用鼠标单击股道现车，则出现该股道的编组详细信息，如图 6-5 所示。在水平毛玻璃里，如果车辆是特殊车辆，如禁溜车、检修车、关门车等在方向号的后面用规定的字串表达。竖直毛玻璃 1 列是 1 股道，只显示具体每辆车的车辆号，点击车辆号后出现该辆车的详细信息。

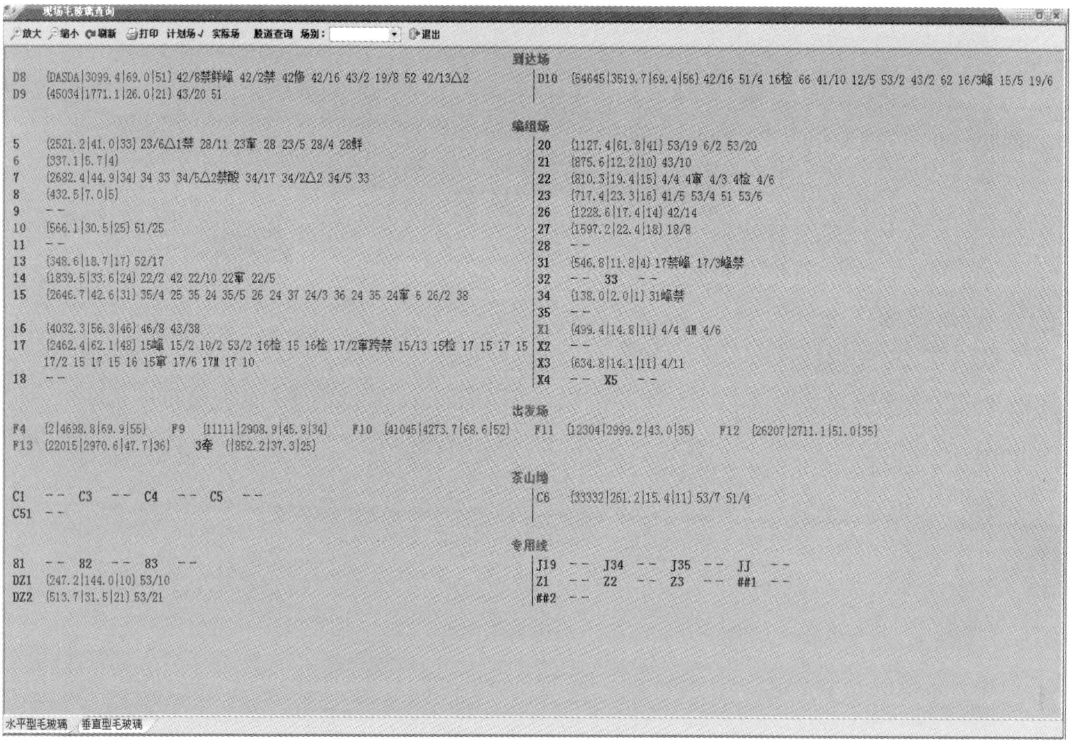

图 6-4　水平毛玻璃

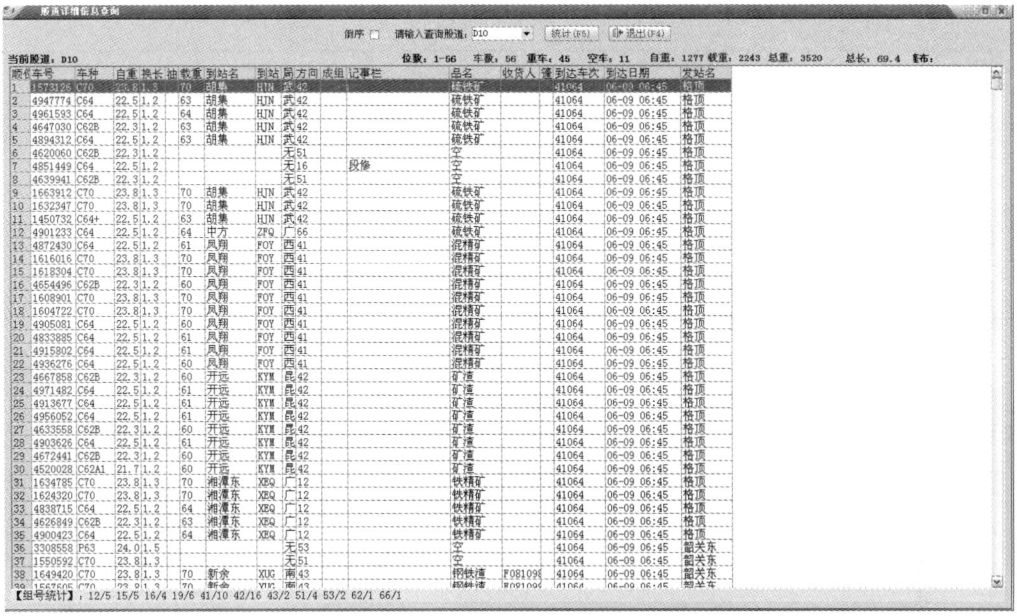

图 6-5　股道现车详细信息

通过毛玻璃了解股道的现车情况，特别要了解到达场待解车列的具体信息，有没有特殊车辆；了解调车场股道停放的车辆信息，有没有股道由于尾部编组作业要求驼峰部分进行封锁，以及各股道的容车数等信息，为编制解体计划做好准备工作。车号备注及说明见表 6-1。

表 6-1　车号备注及说明

记事栏	说　明	记事栏	说　明
140	军用危险品	NY	农药
707	军用危险品	人	乘坐人员的车辆
凹	凹型车落下孔车	上水	上水
大	长大车辆	守	守车
超	超限货车	（T）	特种车
成组	成组连挂	U	注意溜放
蛋	鲜蛋车	无调	无调车
吊	吊车	无火机	无火机车
△H	带火车辆	无票	无货票
毒	剧毒品	（1）	限速 1 km
倒装	倒装	（2）	限速 2 km
发电	发电	（3）	限速 3 km
F	铅封	（4）	限速 4 km

续表

记事栏	说　明	记事栏	说　明
△1	罐车装剧毒易燃等气体	（5）	限速 5 km
△2	一级危险品	（6）	限速 6 km
△3	放射性物品	（7）	限速 7 km
△4	707 一级	（8）	限速 8 km
△5	707 二级	（9）	限速 9 km
△6	敞平装易燃，装腐木车	（10）	限速 10 km
△7	起爆器材	（11）	限速 11 km
△8	起爆器材以外的爆炸品	（12）	限速 12 km
△9	家畜，鱼苗车	（13）	限速 13 km
加冰	加冰	（14）	限速 14 km
△B	保价	（15）	限速 15 km
△K	鲜活易腐	（16）	限速 16 km
关	关门车	（17）	限速 17 km
△W	调动△W 车	（18）	限速 18 km
重点	重点	（19）	限速 19 km
V	禁止过峰	（20）	限速 20 km
禁溜	禁溜	GK	鲜活
检修	检修	限连	限速连挂车
军用	军用	洗刷	洗刷
扩大	扩大货物	（X）	溜放限速连挂易窜货物
跨	跨	有火	有火机车
（△）	可向空线溜车	（→）	越区作业
扣修	扣修	押	押运人
空线	空线给车	整理	整理
跨	跨装货物车	自备车	自备车
蜂	蜜蜂车	站修	站修
整装	整装	√	本站作业车

第 4 步，了解解体计划基本菜单及功能。

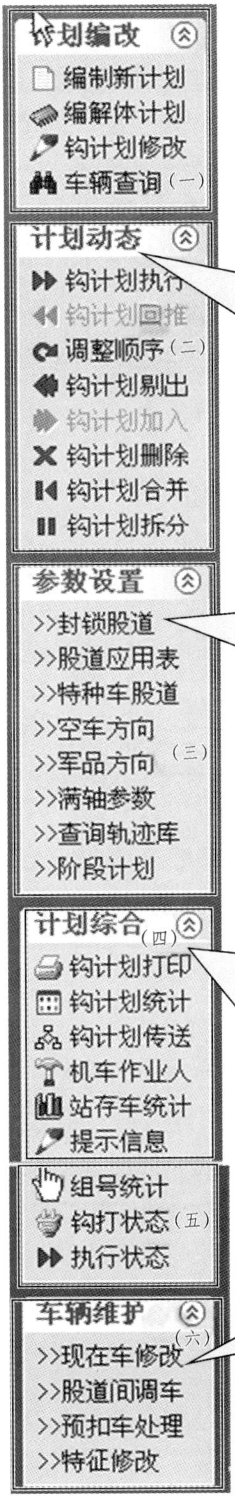

钩计划执行：在我的计划中可用，执行钩计划。
钩计划回推：对执行过的计划回推。
调整顺序：钩计划执行顺序的调整。
钩计划剔出：将普通计划转变为预编计划。
钩计划加入：将预编计划转变为普通计划。
钩计划删除：删除钩计划。
钩计划合并：如果两个计划需要交叉执行，则可把这两个计划合并成一个计划。
钩计划拆分：要将交叉后的两个计划再拆分为交叉前的两个计划。

封锁股道：进行股道封锁的操作。
股道应用表：配制股道与方向号的对应，为自动解体提供基础数据。
特种车股道：用于维护特种车的下车股道。
空车方向：配制空车的方向。
军品方向：同上。
满轴参数：配制方向的对应满轴参数。
查询轨迹库：可以查询一个车号在车站运行的轨迹。
阶段计划：阶段计划查询。

钩计划打印：在我的计划里面选中要打印的计划。
钩计划统计：在钩计划号框里面选中要统计的钩计划，会自动给出此计划涉及的股道，在此股道上的挂车或甩车车数和钩数。
钩计划传送：传送钩计划到驼峰或者是钩打。
机车作业人：修改当前班号、本岗位管辖调机对应的机车号码、当班司机姓名、当班调车长等信息。
站存车统计：查询本站站存车（包括计划场和实际场），重车分方向，空车分车种。
提示信息：显示在系统自动生成计划场时遇到的问题及相应处理结果。
组号统计：统计出一条股道或者多条股道的方向、车数、总重和总长等信息。
钩打状态：用于查看传送的钩计划是否打印成功，有问题，它会自动弹出。
执行状态：钩计划执行的状态，有问题会自动弹出。

现在车修改：修改现场中的现车。
股道间调车：用于将一个股道的列车调入另一个股道。
预扣车处理：提前输入扣车（此车还不在车辆库），选中扣车原因。
特征修改：一起修改多辆车的特征。

第 5 步，调车线使用方案设定。

解体是把到达场的待解车辆按照去向溜往调车线，故在进行作业前，需要确定各调车线具体的使用方案，即各个方向号的车列应溜往哪个调车线。

进入调车线股道应用设置界面，如图 6-6 所示，设置自己对应的股道应用方案。在确定股道应用方案时，注意到达场本次作业都有哪些方向号，调车场里停放的车列都有哪些方向号，哪个股道停放扣修车，哪个股道停放空车，有些方向号车流比较多，还要考虑要设置多个股道等。综合考虑以上情况，在股道应用表里制定对应的股道应用方案。

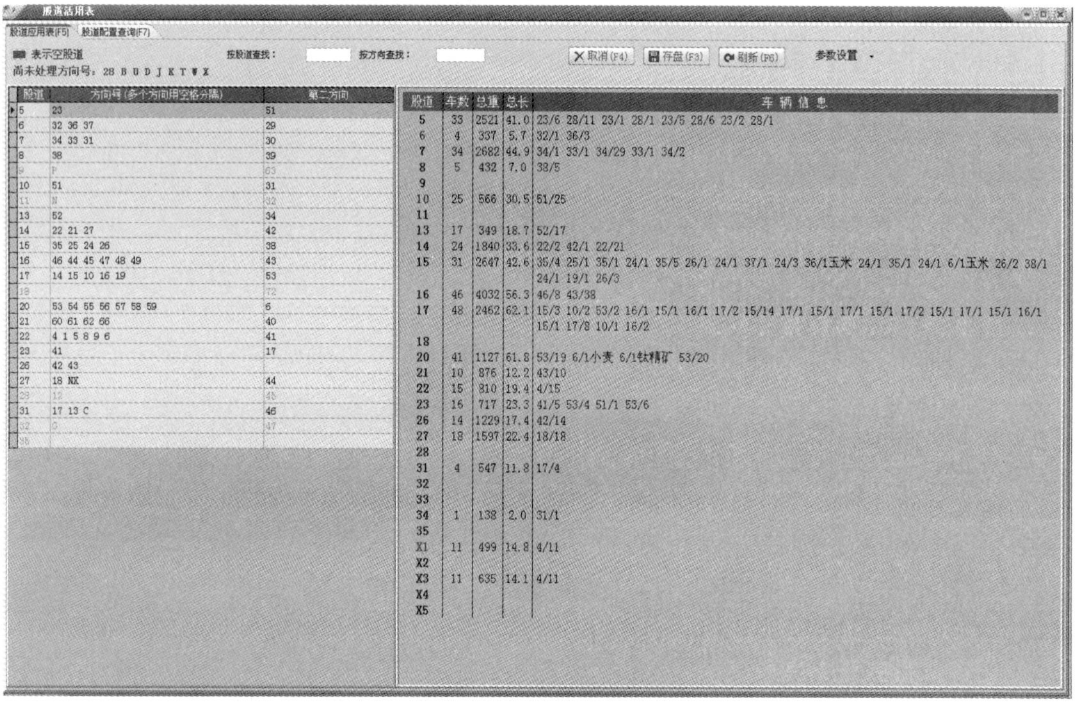

图 6-6　股道应用表界面

第 6 步，结合现车掌握调车计划编制约束条件。

解体调车作业计划编制时，空车按车种，重车按照股道设置的股道进行集结，特殊车辆（在毛玻璃现车记事栏有特殊标注）如禁溜车、危险品车辆、关门车、重点车、成组车等需要特殊处理，军用车要根据上级的调度命令生成军品方向。同时在溜放过程中，要实时检查调车线股道容车数、禁溜车、隔离车等约束条件。

（1）空、重车。

根据毛玻璃现车的情况，对空、重车进行分开处理，空车按车种、重车按方向去向号集结。

（2）调车场容车数。

各调车线的容车数根据具体线路的情况进行设定，在系统内通过查询确定各股道的容车数限制条件，如图 6-7 所示。在解体计划编制时，调车线在解体计划下落前要满足容车数限制，在计划车辆下落后也要满足容车数条件。

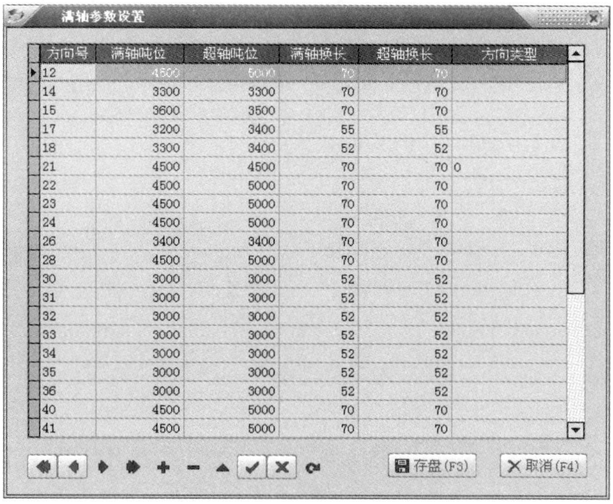

方向号	满轴吨位	超轴吨位	满轴换长	超轴换长	方向类型
12	4500	5000	70	70	
14	3300	3300	70	70	
15	3600	3500	70	70	
17	3200	3400	55	55	
18	3300	3400	52	52	
21	4500	4500	70	70	0
22	4500	5000	70	70	
23	4500	5000	70	70	
24	4500	5000	70	70	
26	3400	3400	70	70	
28	4500	5000	70	70	
30	3000	3000	52	52	
31	3000	3000	52	52	
32	3000	3000	52	52	
33	3000	3000	52	52	
34	3000	3000	52	52	
35	3000	3000	52	52	
36	3000	3000	52	52	
40	4500	5000	70	70	
41	4500	5000	70	70	

图 6-7 调车线容车数

（3）禁溜车、禁止过峰车。

待解车列有禁溜车、禁止过峰车，在解体计划编制时，需要把该车辆送往禁溜线（调车线的编号 33、34），不能把车辆直接溜往调车线。在调车场最外侧的 1、32 股道没设减速器，1、32 股道与迂回线相连，不能溜车，用于集结调机牵引的禁溜线上存放的车辆。

（4）车辆隔离。

待解车列有关门车或有三角标记的隔离车，按照隔离表的要求检查车辆溜入对应的股道的最外面的车组是否满足连挂要求或车辆隔离要求。

（5）检修车。

在调车线 22 股道设定为检修车停留线，如果车辆标记为检修车，则该车不按去向号溜放，在计划编制时需溜到 22 股道。

（6）调车线封锁。

驼峰解体与峰尾编组同时进行，某调车线峰尾编组进行时，需把驼峰解体部分设为封锁，防止驼峰向该股道进行溜车，如果还有继续溜往该股道的车，需临时溜往活用股道。通过相应菜单进入股道封锁界面，可以查看调车场哪些股道封锁，也可以增加设置股道封锁，股道的封锁情况不同，驼峰解体计划编制的难度也有不同。

以上的各种约束条件是在编制解体调车作业计划需要满足的，同时在仿真系统内这些约束条件也是内置的，如计划不满足约束条件，则在解体计划编制时实时触发，并出现相应的对话框进行提醒。

第 7 步，下落股道编制解体调车作业计划。

驼峰解体计划编制有下落股道法和手工编制法两种方法，本着从易到难的原则，先进行下落法再进行手工法编制解体调车作业计划。

（1）选择解体股道。

点击左侧功能区的编制解体计划，或者在毛玻璃上单击右键选择解体本股道，或者直接按 F6，都可以编制解体计划，进入如图 6-8 所示界面。用鼠标点击要解体的股道（只能点击 D 开头的股道），然后点击开始编制，进行下落解体计划编制。

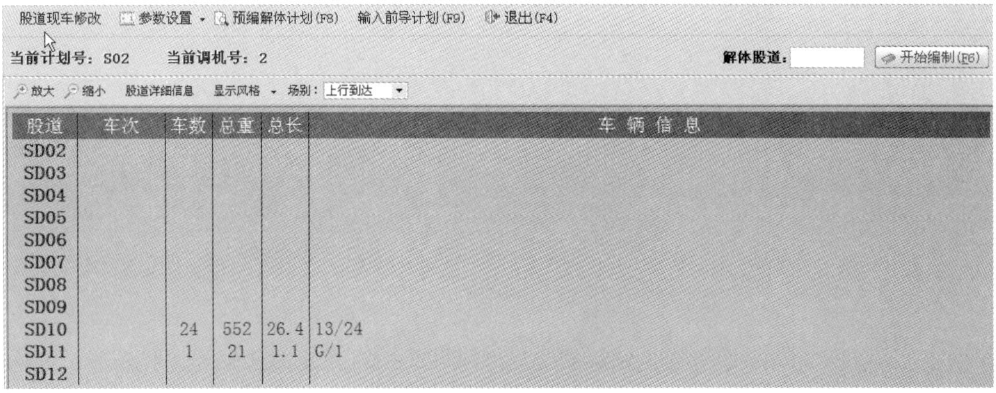

图 6-8　下落解体法

（2）编制解体调车作业计划。

下落法界面如图 6-9 所示，界面分为左、右两部分。左面部分为调车场现车情况、右面为待解车列及需要下落的具体股道。依照车辆的编组顺序，在下落股道内根据预先设定股道应用表推荐下落股道，如果下落条件满足，不需要调整，则在左面调车场现车系统内，根据计划确定的位置，下落车列在左面调车场现车以粉红色显示，同时调车线的车辆数实时变化。在下落时，为确保车辆下落股道正确，用鼠标点击调车线、待解车辆会出现详细的车辆信息。

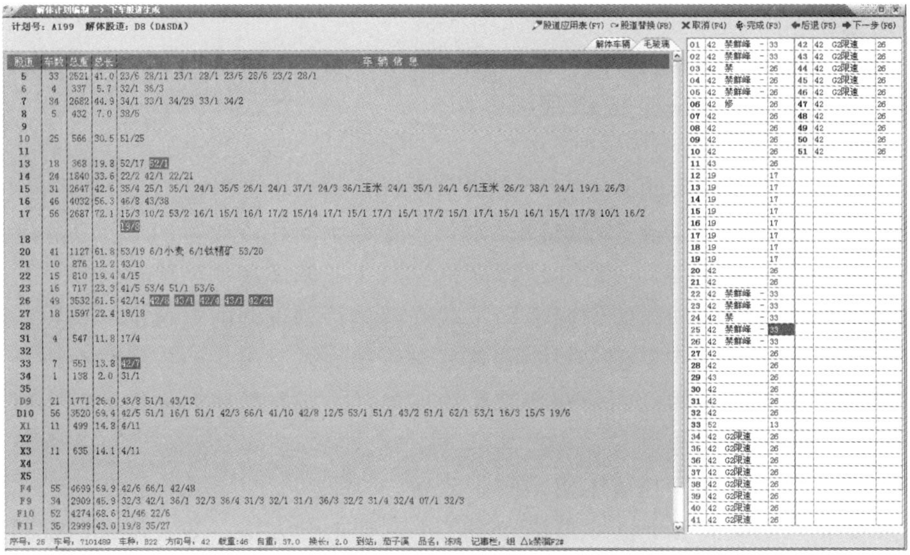

图 6-9　下落股道法界面

股道下落法输入具体车辆下落股道时，如违反了解体计划编制的约束条件，则出现如图 6-10 所示的提醒对话框，提醒下落股道不正确，需要进行调整，直至下落股道不违反解体计划编制的约束条件止。

图 6-10　约束条件违反修改股道界面

按照车列的编组顺序，每个车辆的下落股道均输入且没有违反约束条件对话框弹出，表明车列的下落股道都通过了约束条件检验，点击下一步，出现如图 6-11 所示钩计划，可对钩计划存盘。同时掌握驼峰解体计划编制过程中股道的方向 S 与 W、+、－、× 等符号的含义，车号是哪个车号。

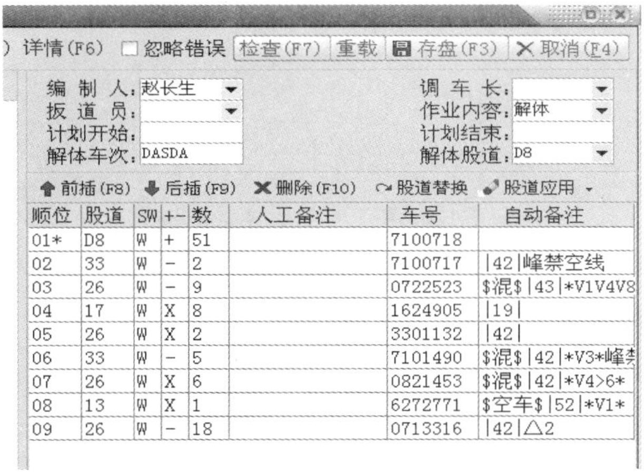

图 6-11　下落法解体钩计划

第 8 步，手工编制解体调车作业计划。

手工编制计划的难度比股道下落法大，但是手工法编制解体计划，能让学生更好掌握解体计划编制的基本原理和要求。手工编制调车计划的界面如图 6-12 所示，系统有 4 个区。区 1 为到达场和调车场现车，黑色字体为解体计划编制前现车，粉红色为解体下落车辆；区 2 为调车连挂的车辆；区 3 为钩计划编制时，具体下落股道的现车；区 4 为解体计划编制区。在解体计划编制时要，先要确定解体股道，在图 6-12 中，第 1 钩 D2 W+51，表明从到达场 2 股道的 W 方向连挂 51 辆车进行解体，根据股道应用表设定的下落股道，以及调连挂的车辆情况，人工编制解体计划，注意各调车线下落的方向为 W、溜放的符号为 X、禁溜车送禁溜线符号为-，各计划在手工编制时，如违反约束条件，则出现图 7 的提醒对话框，需要及时对解体计划进行调整。调机连挂的车辆全部下落后，没出现违反约束的对话框，则表明该解体计划通过约束条件的检验，可以进行存盘。

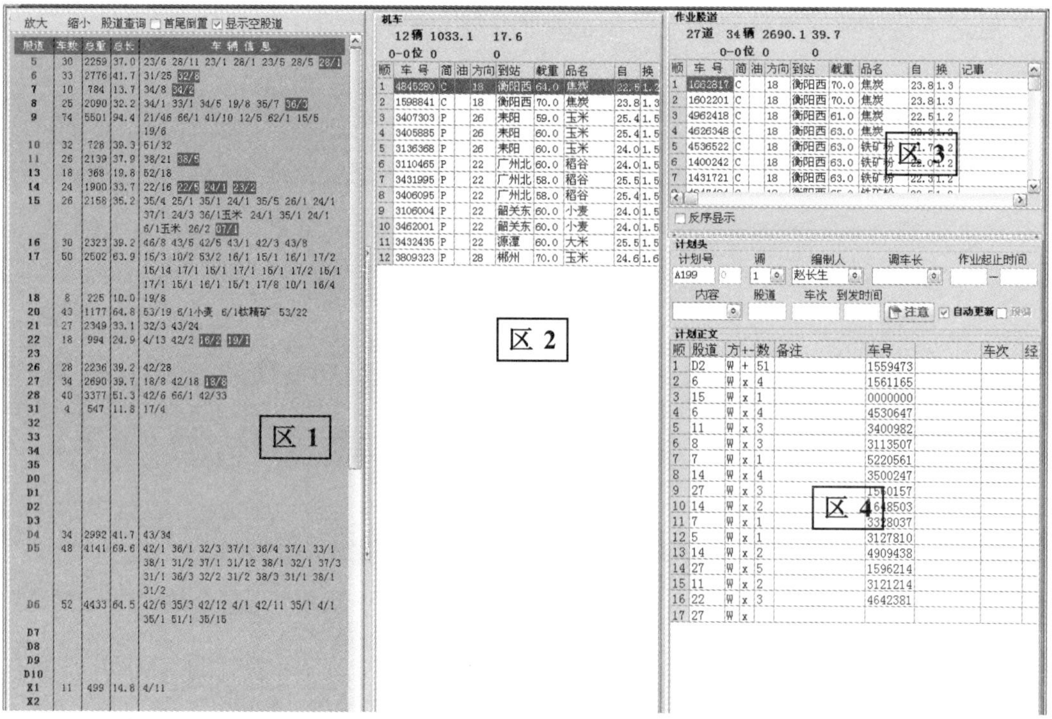

图 6-12　手工编制解体计划界面

要求手工把到达场内所有列车，编制解体调车作业计划。在计划栏内如果写满了，点击计划栏下面的“增加”菜单，可继续编写。

第 9 步，解体计划传送及执行。

解体计划编制完成后，在系统菜单点击传送后进入钩计划传送界面，如图 6-13 所示，传送钩计划至指定的作业点，在仿真系统收到传送指令后，在指定打印机位置，把解体计划打印出来。

请每个同学把所有编制的解体计划按照每个列车不同进行分开，然后把编制好的解体计划写在实验报告内，先写每列车的水平毛玻璃，然后写解体计划。

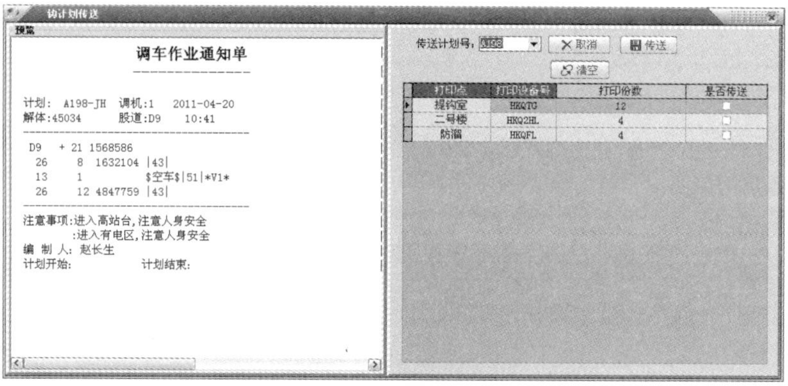

图 6-13　钩计划传送

五、实验报告要求

（1）认真完成实验报告，报告要用实验报告纸，书写工整，按时上交。

（2）把调车线固定使用方案、解体计划体现在实验报告内。

六、实验注意事项

（1）未经允许不能携带存储盘进入实验室。

（2）严格按照实验步骤操作计算机，不准进入计算机其他系统。

（3）不准修改、删除计算机内所有文件。

（4）爱护实验室设备。

七、思考题

（1）简述解体钩计划编制方法。

（2）禁溜车如何处理?

（3）衡阳北双推双溜作业如何协调?

实验七　编组调车作业计划编制实验

一、实验目的

（1）了解编组调车计划编制的依据。

（2）掌握编组调车计划编制的原理及方法。

二、实验原理

车列在解体时采用了解体照顾编组，按调车场固定线路分解车辆的作业方法，车辆按列车编组计划的去向在固定线路上集结，所以一般列车的编组调车作业，只是进行车组的连挂和转线。

而编组摘挂列车是一项比较复杂的工作，为便于中间站摘挂车辆，一般要求列车按站顺或成组编组。而大部分技术站的调车场只固定某一股道集结某一去向的摘挂车流，导致该股道摘挂车流为随机分布，如何将这些随机分布的无序车流变成站顺或到站成组的有序排列，是编组摘挂列车时重点考虑的问题。这就需要将待编车列重复分解，然后按站顺或成组的要求编成车列。在实际工作中，待编车列的排列情况复杂多变，如果待编的车列中还有禁溜车、隔离危险车和关门车等情况，就需要根据实际情况，做出相应的调车作业计划。

三、实验设备

衡阳北编组站管理信息系统　　1套

四、实验步骤

第1步，掌握衡阳北车站线路使用情况。

根据站细提供资料，掌握衡阳北车流组号代表的意义及车站各股道固定使用情况。

第2步，登录系统。

点击桌面如图7-1所示的图标。点击图标后将会出现如图7-2所示的界面，用户名和密码输入1150、1151、1152均可。

图7-1　系统图标

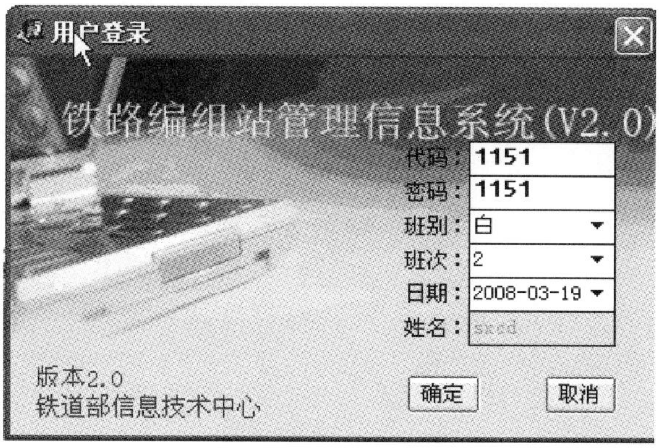

图 7-2　登录界面

第 3 步，查看现车。

进入系统后，点击“钩计划”菜单，进入调车计划编制界面，通过毛玻璃查看车站现在车情况。

重点看调车场各方向车流集结情况，看调车场内集结的车流有没有特殊车辆，出发场哪些股道是空闲的。

第 4 步，了解编组作业过程。

衡阳北编组站为纵列式编组站，到达场、调车场、出发场纵向布置。编组作业就是把调车场各股道集结车辆按要求转往出发场，调车场与出发场纵向排列如图 7-3 所示，编组作业要求整列编组，即利用调车场尾部的牵出线调整编组次序，调整完毕后把符合要求的整列车一次性转往出发场。在编组时如采用分批编组的方法，一列车分两次转往出发场，则第二次作业时，调机卡在两次编组车辆的中间。

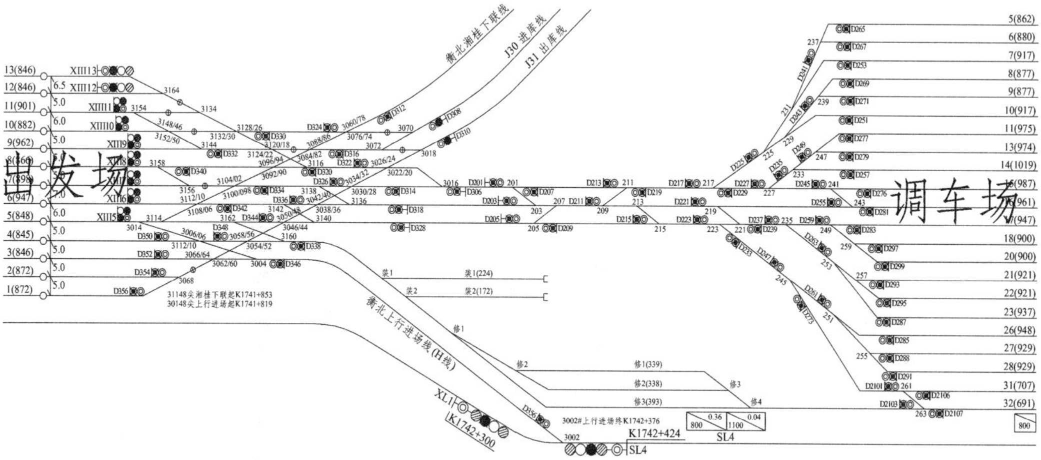

图 7-3　衡阳北编组站调车场与出发场位置示意图

第 5 步，调车场分区。

在图 7-3 中，调车场尾部有 3 条牵出线，有 2 台调机同时在进行编组作业，为保证平行作业减少相互间的干扰，就要求在编制编组计划时，5—16 是 1 个区、17—32 是 1 个区，两个区的车辆不混用，在同一个编组调车作业计划内车辆不能跨区使用。

第 6 步，掌握编组计划要求。

（1）满轴。

摘挂列车在编组时要满足满轴，去向号不同，车辆的到站也不同，在编制编组调车作业计划时，要求去向号十位相同的去向号去向才一致，例如编制编组调车作业计划时，要求该列车去向号都是 40—49 的，这样才保证去向一致。根据实验对象的不同，列车满轴数量可以在 40—50 辆，灵活设定。列车的满轴辆数不同，实验的难度也略有不同，满轴辆数越大实验难度越大，反之亦然。

在了解满轴条件后，在初始毛玻璃现车环境里观察 5—16 股道和 17—32 股道两个大区内的车辆，满足满轴条件的车辆分别有几列，为下面编制编组调车作业计划做好准备工作。

（2）编组目标。

摘挂列车的编组目标有“成组”和“站顺”两个，编组要求的大前提是车辆去向号十位数一致，“成组”是要求车辆去向号个位数一样的在一起，“站顺”要求车辆去向号按照从大到小或者从小到大的方式进行排序（即车辆按照到站从远到近或从近到远的次序进行排序）。如车列“20/2 28/5 20/5 21/8 25/10 22/15 21/5”既不是“成组”也不是“站顺”；“20/7 28/5 21/13 25/10 22/15”是“成组”；“20/7 21/13 22/15 25/10 28/5”是“站顺”。在编制编组调车作业计划时，“站顺”和“成组”的列数要求不同，实验的难度也不同，可以根据实验对象的不同灵活要求。

（3）编组隔离限制。

为了列车运行和运输旅客货物的安全，对各种机车、车辆编入列车的位置、数量所规定的特殊要求称为编组隔离限制。摘挂列车编组要满足编组隔离顺序表的要求，先了解编组隔离顺序表具体的要求，然后在现车初始环境内查看调车场各股道集结的特殊车辆，在编制编组调车作业计划时考虑该特殊车辆的隔离要求。

特殊车辆不止在最后编组成列时要求编组隔离要求，在调车作业过程中也要求隔离，例如装载爆炸品、剧毒品、压缩气体和液化气体等特种货物的车辆，在调车作业过程中，必须与调车机车隔离一辆等。所以在编制编组调车作业计划过程中，特殊车辆的数量、性质、具体在股道中的位置不同，编组调车计划的难度也不同。

（4）编组作业计划符号。

在编制编组调车作业时，不同的符号表达不同的额含义：“+”，挂车；“－”，甩车；“×”，溜放。

第 7 步，编制编组调车作业计划。

选择“编制新计划”菜单，选择调机号，计划号选择自动生成后，进入编组调车计划编制界面，如图 7-4 所示。最左侧界面是股道现车栏，双击后可查看股道详细内容；中间为机车栏，显示当前调机连挂车辆顺序；右上作业股道栏，显示编组调车计划编制过程中，当前股道现车情况；右下栏为编组调车计划编制栏。

在编组调车计划编制栏内，股道为计划编制所用股道，编组场股道 5 ~ 32 股道，直接采用数字，不加字母，出发场股道前加“F”；方向栏，编组调车计划方向为 S 方向，S 方向从调车场股道左侧取车，在实验过程中，学员要自己确定一下连挂、甩车 S 方向，都是从哪个位置取、甩，判断方向在实验过程中比较关键；“+ – ”栏，连挂用+，甩车用 – ；数量栏，输入具体车辆的数量；车号栏，系统根据连挂及甩车的位置自动出现具体连挂、甩车点具体的车辆号，为现场作业人员提供确认参考。

在图 7-4 的最右下方，有 4 个按钮，“存盘”可以存储当前计划；“删除”选中计划中的某一行进行删除；“插入”在当前行后插入一行，计划编制内容太长时，可以插入空白行，继续编写；“取消”取消当前行输入内容。右侧的计划头、计划正文部分可以通过拖拉相应位置的横线调整右侧各区所占大小。

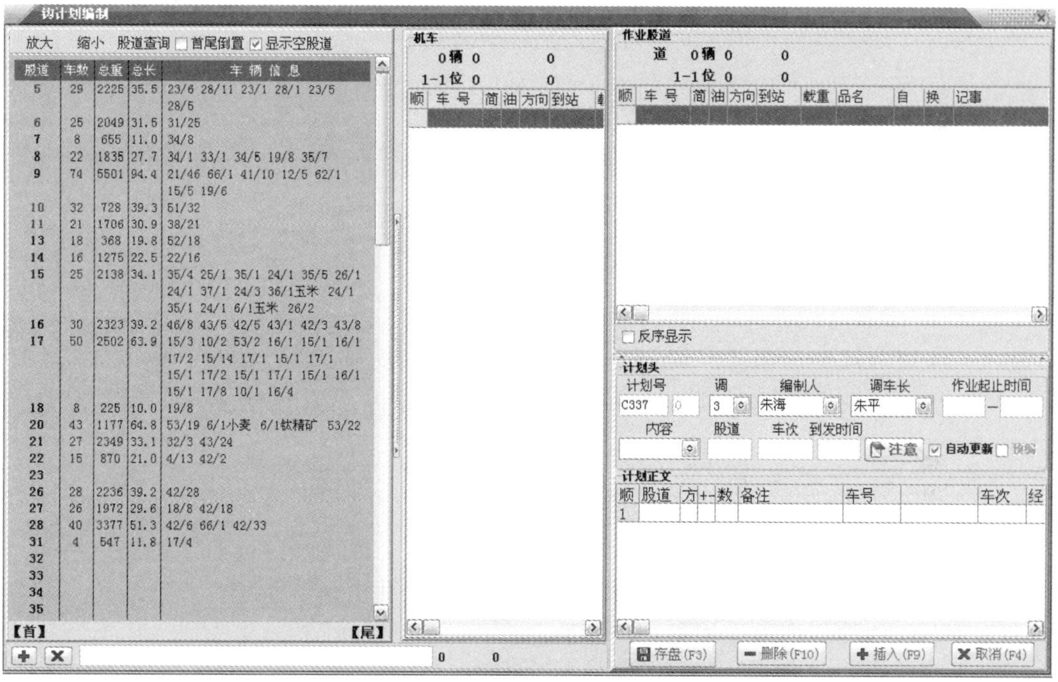

图 7-4　编组调车计划编制界面

编组调车计划根据摘挂列车编组目标要求，在计划正文输入相应的计划内容后，相应股道现车动态变化，车辆取走后，股道现车相应消失，车辆甩入股道后，则股道会出现粉红色车辆以示区别，编组计划编制完成后甩入出发场股道，则在出发场对应股道出现粉红色编组内容，直接反应编组计划编制结果。在计划正文处，用鼠标点击对应的某行，可以查看该行时各位置现车情况，方便对实验过程进行检查，如图 7-5 所示。

编组要求：进入相应的场景，把调车场内所有能集结车辆按照指导教师要求的编成辆数要求（车辆编组时不跨区），按照站顺或成组的要求，转往出发场线路。

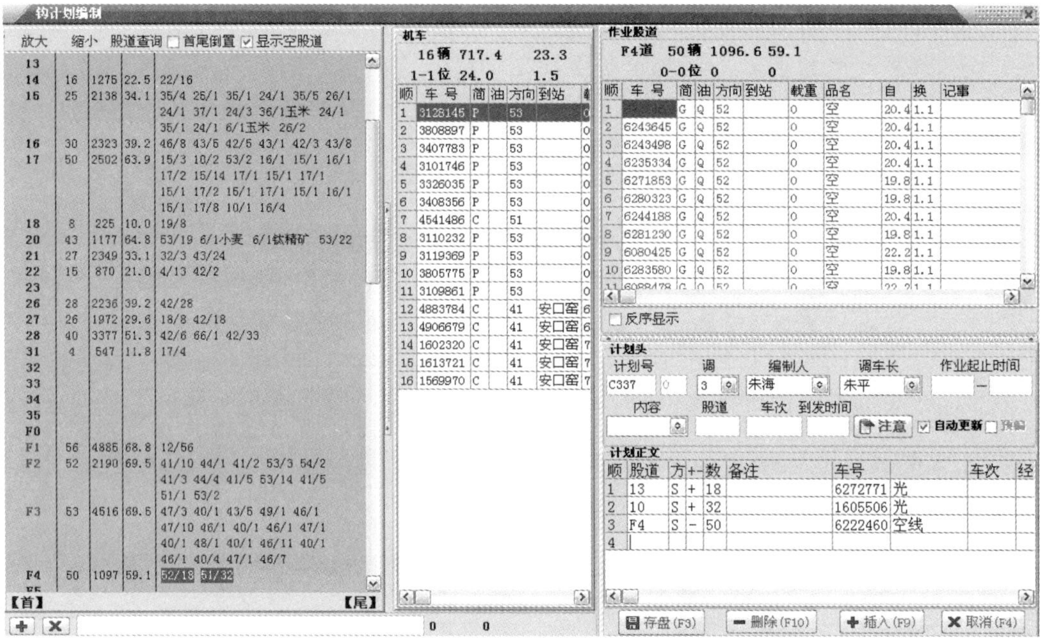

图 7-5　编组调车计划编制结果界面

五、实验报告要求

（1）认真完成实验报告，报告要用实验报告纸，书写工整，按时上交。

（2）把编组调车作业计划体现在实验报告内。

六、实验注意事项

（1）未经允许不能携带存储盘进入实验室。

（2）严格按照实验步骤操作计算机，不准进入计算机其他系统。

（3）不准修改、删除计算机内所有文件。

（4）爱护实验室设备。

七、思考题

（1）编制编组作业计划时，S 和 W 方向如何确定？

（2）编制作业计划时隔离车如何处理？

（3）编组作业计划与解体作业计划有哪些区别？

实验八　车站取送调车作业实验

一、实验目的

（1）了解衡阳站设备位置。
（2）了解客车车底取送调车作业方法。
（3）了解货调主要作业及内容。

二、实验原理

所谓送车，是将待卸重车由车站调车场（或到发线）送往货场、专用线等卸车地点卸车，或将空车由调车场（或到发线）送往货场、专用线等装车地点装车；取车是指将装完重车（卸后空车）由装车地点（卸车地点）取回站内调车场集结（或直接取至到发线）。

按照实际作业内容的不同，取送车作业可细分为6种情况：单一送车、单一取车、送取结合、送兼调移、取兼调移、送调取结合。

（1）单一送车。

单一送车简称“单送”，指机车挂着一批货车送往货场（或专用线），对好货位之后单机返回。无论是送待卸重车，还是待装空车，单送由下列单项因素组成：挑选车组、去程走行、对货位、回程走行。其中挑选车组是指按装卸作业地点选分车组，按入线先后排列顺序。为减少重复作业，这项工作应尽可能在解体过程中完成，或部分完成，这就是所谓“解体照顾送车”。

（2）单一取车。

单一取车简称“单取”，指单机去货场（或专用线），将装卸完毕的车辆取回车站。单取由下列单项因素组成：去程走行、收集车辆、回程走行、分解车组。在可能的条件下，收集车辆时应考虑出发列车的编组要求，将相同去向的车辆顺序连挂在一起，这就是所谓的“取车照顾编组”。

（3）送取结合。

送取结合也叫“连送带取”，指在送车的同时取回车辆。其包括的单项因素有：挑选车组、去程走行、对货位、收集车辆、回程走行、分解车组。

（4）送兼调移。

送兼调移指在送车的同时完成调移车辆的作业，然后单机返回。其包括的单项因素有：挑选车组、去程走行、对货位、调移车辆、回程走行。

（5）取兼调移。

取兼调移指单机去货场（或专用线）完成调移作业，然后取车返回。其包括的单项因素有：去程走行、调移、收集车辆、回程走行、分解车组。

（6）送调取结合。

送调取结合指送车、调移、取车结合起来一次完成。其包括的单项因素有：挑选车组、去程走行、对货位、调移、收集车辆、回程走行、分解车组。

结合车站布置图，掌握车站在取送作业时要遵循以下原则：

（1）急用先送、急用先取。

在不违背车站规定的前提下，优先急用待取送货物。

（2）及时取送。

加速车辆周转，尽量减少车辆的等待作业时间。

（3）协调配合原则。

技术站有到达、解体、取送、编组、出发等作业环节，取送作业是车站的一个重要环节，在作业时要遵照“解体照顾取送，送车照顾装卸，装卸照顾取车，取车照顾编组”。

（4）经济合理。

减少取送作业中的不必要等待时间，同时减少调机取送调车作业时间，节约成本。

三、实验设备

衡阳管理信息系统　　1套

四、实验步骤

第1步，了解衡阳站基本情况。

根据衡阳站布置图，了解衡阳站车站线路及设备使用情况。

第2步，了解货调作业系统。

在铁路编组站管理信息系统中，以1034、1035、1036、1037、1038、1040、1159中任何一个作为用户和密码登录，选择班别、班次、日期后进入衡阳站货调系统，如图8-1所示。系统主要完成整车的装卸车操作、增加使用车/增加卸空车操作、倒装车操作、整个货运装卸车作业的信息查询和修改、运货五查询、毛玻璃查询等工作。

（1）卸七甲处理。

卸七甲大表记录了当日本站所有卸车、空头卸车的作业记录信息，如图8-2所示。可以查询、打印或者双击某条记录进行修改。

从现场选择相应车号（卸车这里列出的都是现场在本站有卸车作业的重车）。

若可以自动检索到达票，则可以自动填入“货票号”，并且用货票上的信息回填收发货人、品名、品类、载重等相关卸车信息。

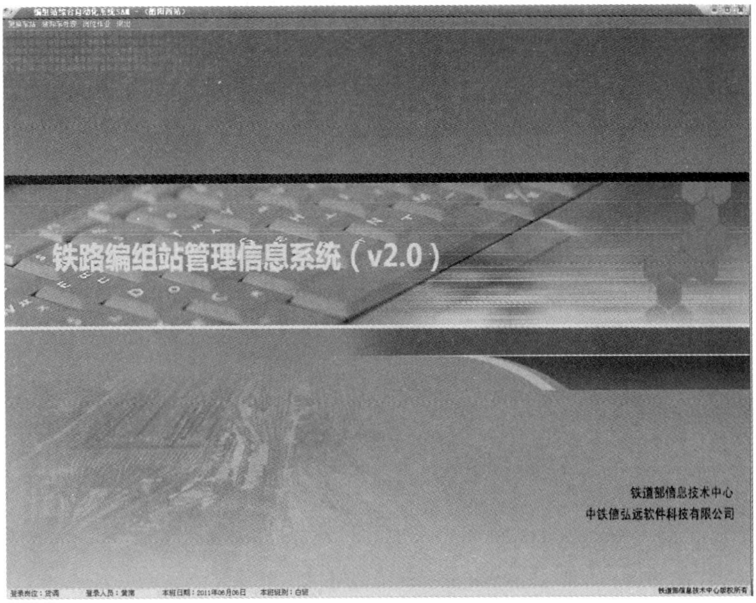

图 8-1　衡阳站货调系统界面

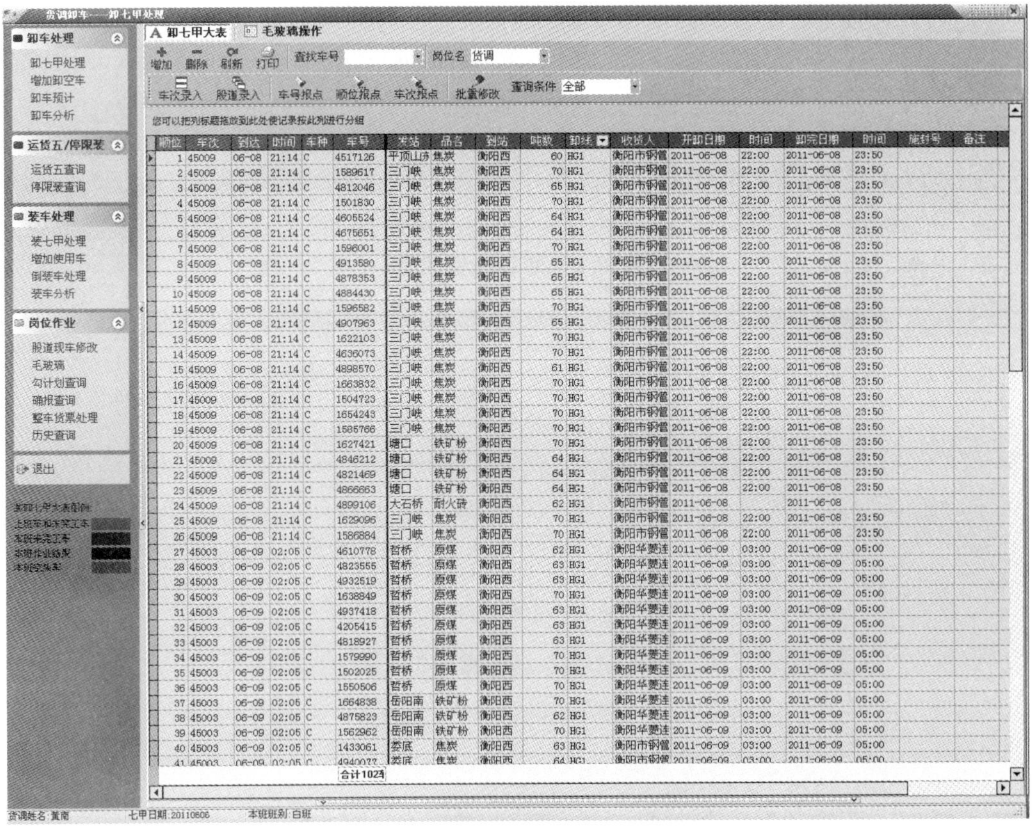

图 8-2　卸七甲

填入开工完工时间，“存盘”即完成该车的卸车操作。

若点击“增加”按钮即可在此界面继续进行卸车操作，下一车可以自动复制上一车相关信息，减少录入工作量，登记的车会自动罗列在右面的“已登记”窗口，如图8-3～图8-5所示。

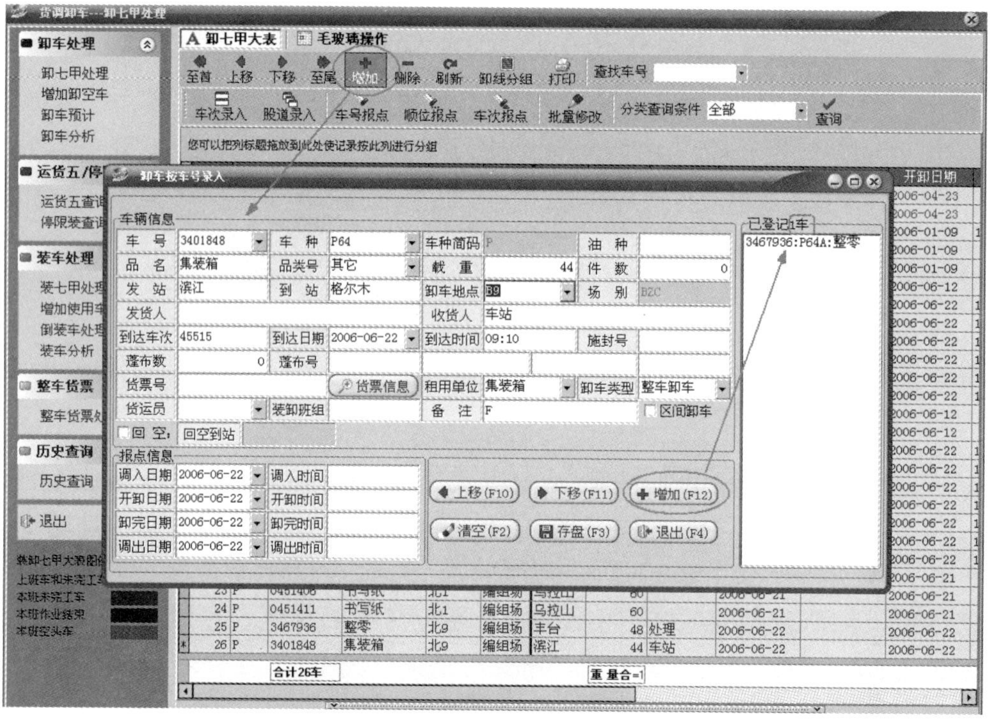

图 8-3　增加车辆信息

图 8-4　卸车按车次增加

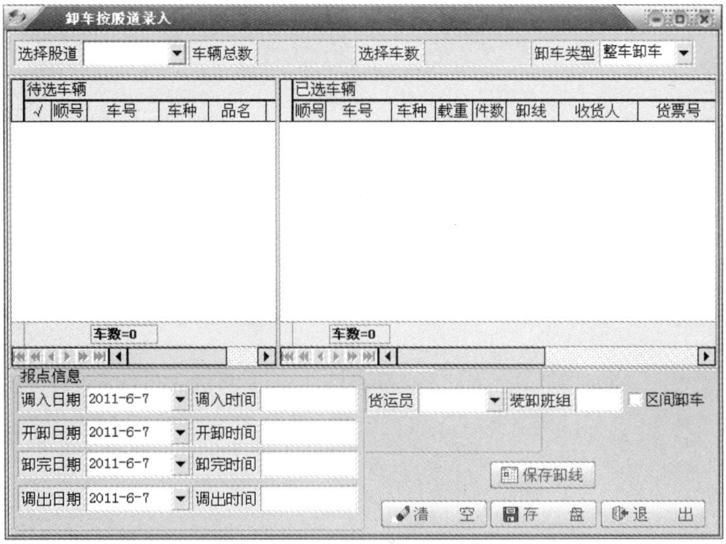

图 8-5　卸车按股道录入

点击“车号报点”按钮调出如图 8-6 所示的“卸车按车号报点”界面，“卸车车号”中列出了卸七甲中待报点的车辆，可以自动匹配用户输入的车号，确认后按键盘“Enter”键自动带出已有的时间信息，填入需要报点的点，“存盘”即报点成功。完成报点后“退出”即可。若要取消该次报点操作，在“存盘”之前选择“退出”即可。

图 8-6　车号报点

（2）增加卸空车，如图 8-7 所示。

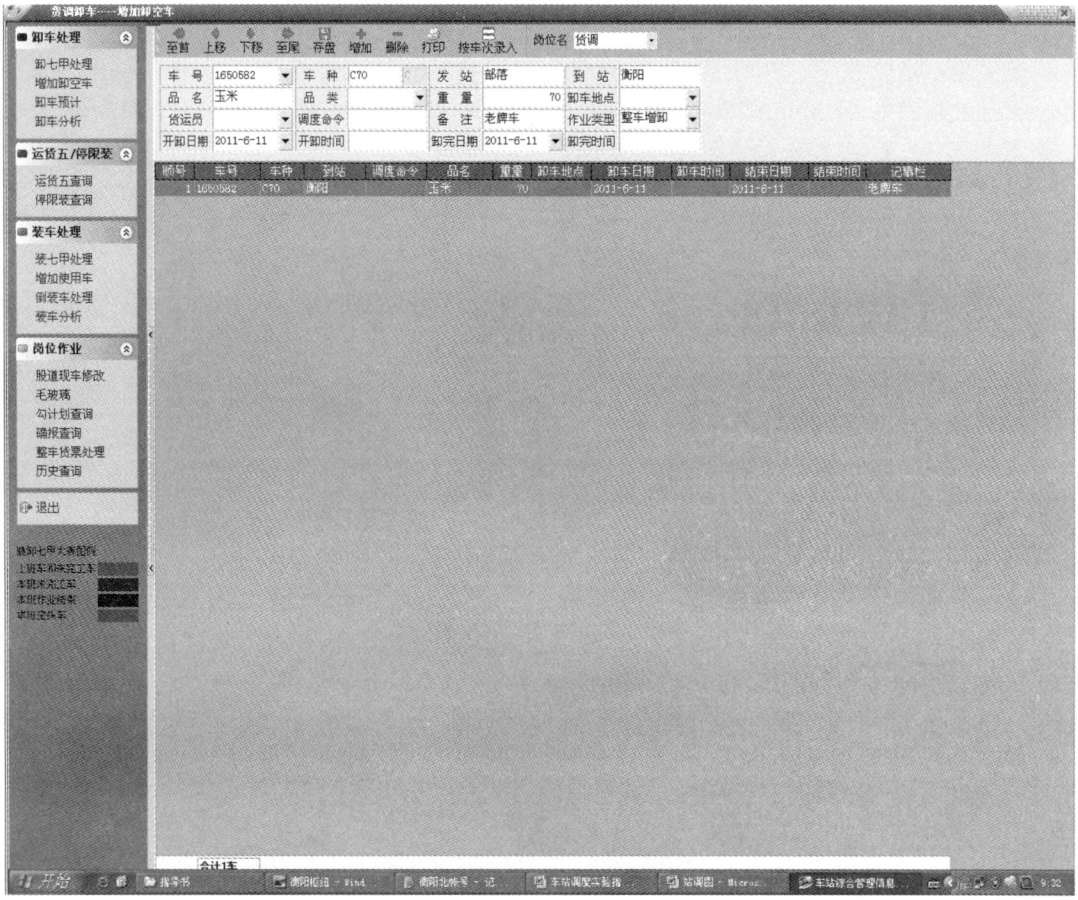

图 8-7 增加卸空车

（3）卸车分析，如图 8-8 所示。

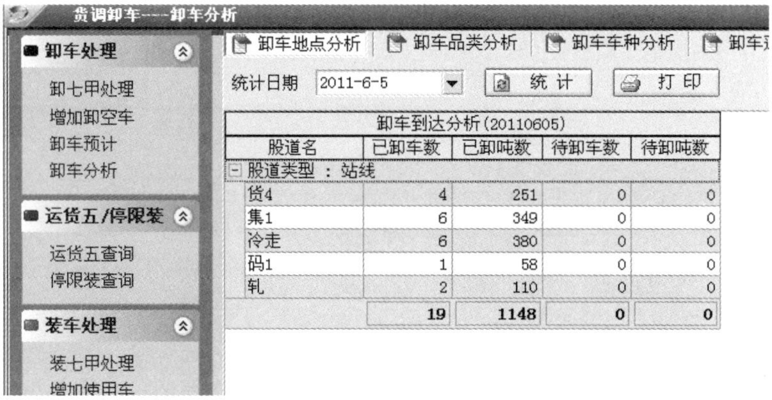

图 8-8 卸车分析

（4）运货五/停限装，如图 8-9 所示。

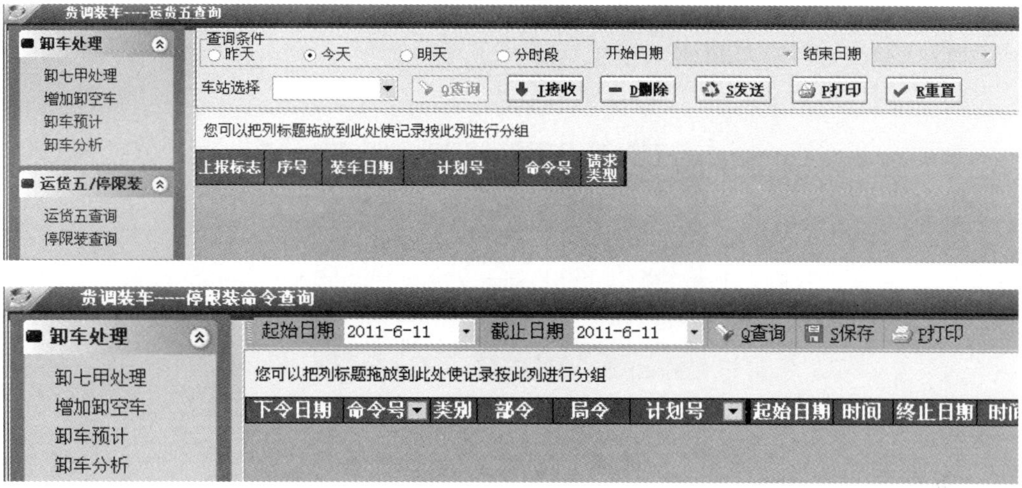

图 8-9　装车查询

（5）装车处理，如图 8-10 所示。根据系统提示，处理衡阳站装车作业车辆信息。

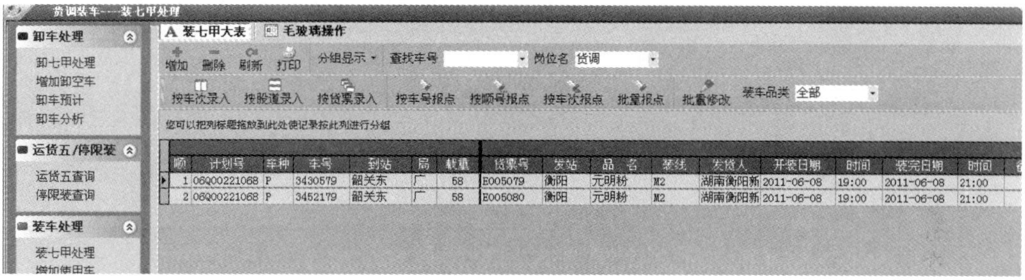

图 8-10　装七甲表

（6）了解货调岗位其他作业，如图 8-11 所示。

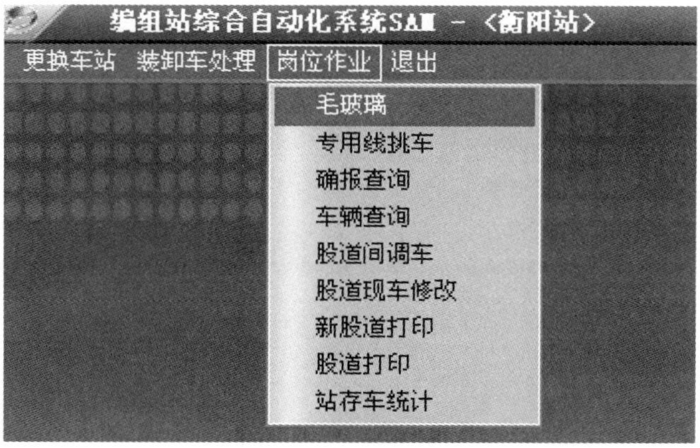

图 8-11　货调其他功能

3. 了解取送调车作业系统

在铁路编组站管理信息系统中，以 1015、1158 中任何一个作为用户和密码登录，选择班别、班次、日期后进入衡阳站取送调车作业系统。

（1）查询各种信息，如图 8-12 所示。

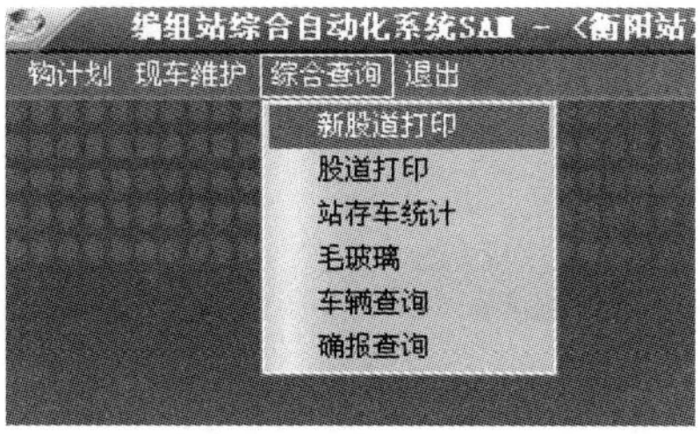

图 8-12 综合查询

（2）股道现车信息打印，如图 8-13 所示。

图 8-13 股道现车信息打印

（3）站存车统计，如图 8-14 所示。

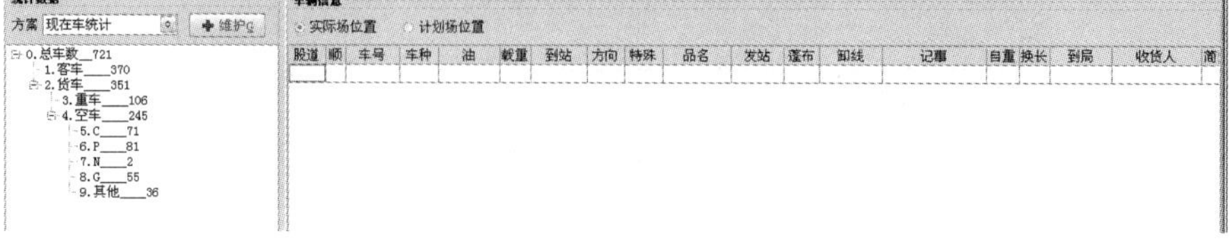

图 8-14 站存车统计

4. 熟悉取送调车计划编制界面

在编制新计划菜单，进入取送调车计划编制界面，如图 8-15 所示，整个界面分为 4 个区域。

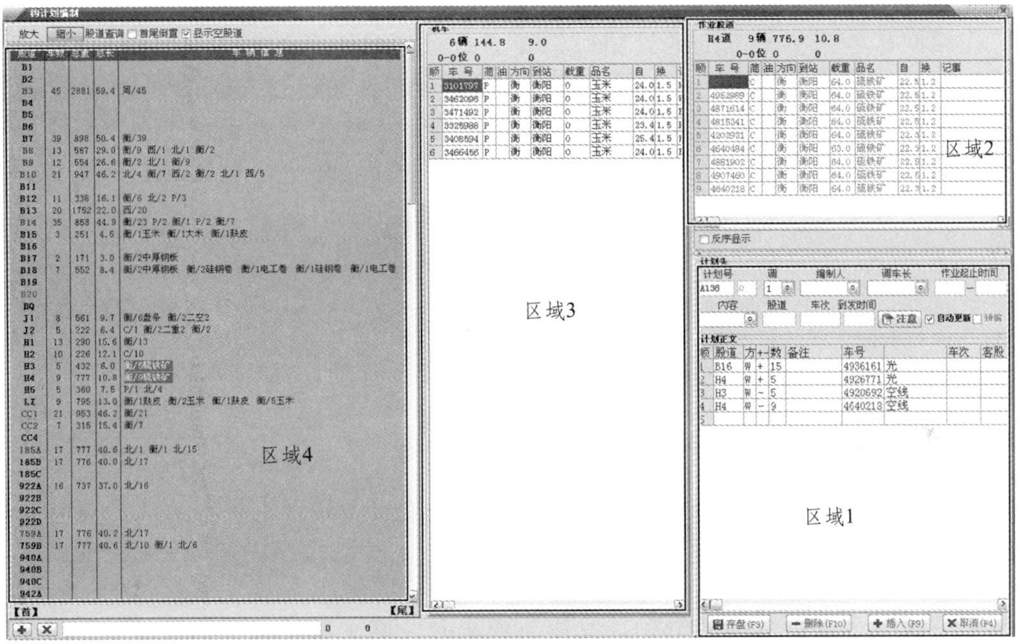

图 8-15　取送调车计划编制界面

区域 1 为计划正文，计划号根据调机号，按照日期自动顺序生成；计划正文顺序号按照从上到下次序自动生成；股道，为调车作业取送所涉及股道，作业时要输入对应的调车场、货场、专用线、到发线、客技站对应的股道编号；方向有 W、S 两个方向，在股道两端取送车时，要输入正确方向，根据股道现车、设备的位置确定正确的取送方向；“+、－”是取送的符号，“+”为取车，“－”为送车，要根据需要输入合适的符号；数为取送的车辆的辆数；车号为取送对应的车辆的车号，根据现车系统自动生成；“光、空线”是取送时股道的一些特征，系统根据取送计划形式自动生成；存盘，把计划正文存储；删除，将光标放在计划正文某处，则删除该行计划；插入，在光标所在位置下方插入一行空白计划正文。

区域 2 为计划编制正文光标所在行的股道的现车信息。

区域 3 为计划编制正文光标所在行时位置，机车连挂车辆信息。

区域 4 为现车动态变化信息，车辆取走对应股道车辆消失，车辆送车到股道，则所送车辆信息为红底白字，以示区别。通过现车的动态变化信息，可以直观查看取送调车作业计划执行情况，方便对取送调车计划查看及调整。

在调车计划编制界面里，熟悉各个区域显示内容，在计划正文处对股道进行取送车，查看各区域动态变化情况。

5. 编制旅客列车车底取送计划

在现车信息里，观察客运到发场终到旅客列车停靠的股道、客技站旅客列车车底情况。编制计划将旅客到发线车底送往客技站，将客技站旅客列车编组后转往旅客列车到发线。

在编制旅客列车车底取送计划时，注意是将旅客列车车底从旅客列车到发线，用调机送往客技站存车线；在客技站取车时，查看客技站旅客车底的方向是否一致；旅客列车编组要合适，即硬座、餐车、硬卧、软卧编组要合理，餐车在硬座与硬卧之间；客技站车底由调机送往旅客列车到发线，为满足旅客上下需要，此旅客到达发线要位于客运到发场且靠站台。考虑以上注意事项，编制旅客列车车底取送调车计划。

6. 编制货场、专用线货车取送调车计划

编制调车线与货场、专用线之间的取送调车作业计划。在现车系统里查看调车线货物列车信息，查看衡阳站的本站货车所停具体股道及到卸股道。查看装卸进度管理仿真系统，货场、专用线股道装卸情况。

在编制货车取送调车作业计划时，因货场、专用线比较分散，各个地点要一一取送，故在调车线上如股道停放的货车到卸股道不一致，还要通过牵出线调车作业，将调车线的货车到卸位置进行调整；货场、专用线各股道货物作业设备不同，要严格按照到卸股道进行取送；货场、专用线取送时，确定取送的方向是“W”端还是“S”端。

货车的取送计划是取送结合的作业计划，例如取 H4 股道装卸完毕的车辆，还需把调车线的待装卸车辆送至 H4 进行装卸作业时，需要先将 H4 装卸完毕的车辆先牵出临时存放在相邻股道，然后将待装卸车辆送到 H4，再将临时存放的车辆牵走，注意调车作业的先后次序。要求（车辆编组时不跨区），按照站顺或成组的要求，转往出发场线路。

五、实验报告要求

（1）认真完成实验报告，报告要用实验报告纸，书写工整，按时上交。

（2）把取送调车作业计划体现在实验报告内。

六、实验注意事项

（1）未经允许不能携带存储盘进入实验室。

（2）严格按照实验步骤操作计算机，不准进入计算机其他系统。

（3）不准修改、删除计算机内所有文件。

（4）爱护实验室设备。

七、思考题

（1）简述衡阳站货场、客技站、调车场位置。

（2）货调如何掌握货场车辆装卸情况？

（3）客车车底取送、货场取送调车钩计划编制原理及方法是什么？

实验九 城市轨道交通 ATC 出、入库运行实验

一、实验目的

（1）熟悉城市轨道交通车辆段操作系统基本操作。
（2）掌握城市轨道交通 ATC 行车调度仿真培训系统中基本操作。
（3）了解和掌握车辆段排列出库进路操作。
（4）了解和掌握列车从车辆段出库到转换轨的运行过程。
（5）了解和掌握车辆段排列入库进路操作。
（6）了解和掌握列车在转换轨的驾驶模式转换。

二、实验设备

ATC 仿真系统　　60 套

三、实验步骤

1. 系统登录

IP：172.30.15.1。
选择分组：根据指导教师安排，选择自己的分组。
选择工作站：小组内依次登录 ZC、ATS、车辆段、列车，如图 9-1 所示。

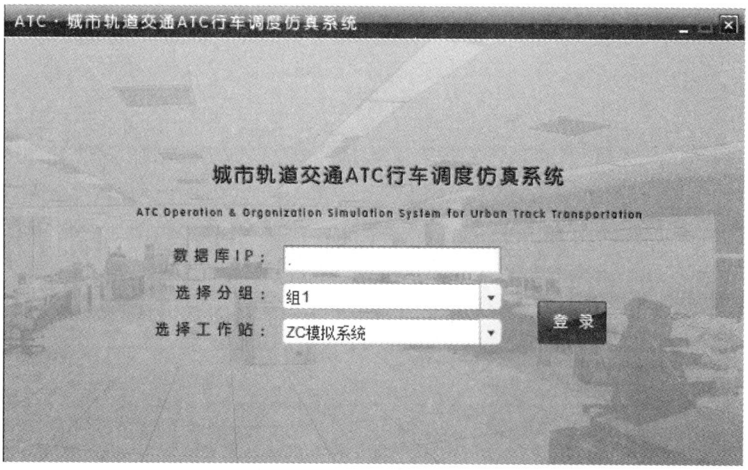

图 9-1　系统登录主界面

2. 熟悉 ZC 系统的基本操作

（1）主界面。

ZC 仿真系统的人机界面由标题栏、菜单栏、客户区、信息区、状态栏组成，如图 9-2 及图 9-3 ZC 主界面所示。

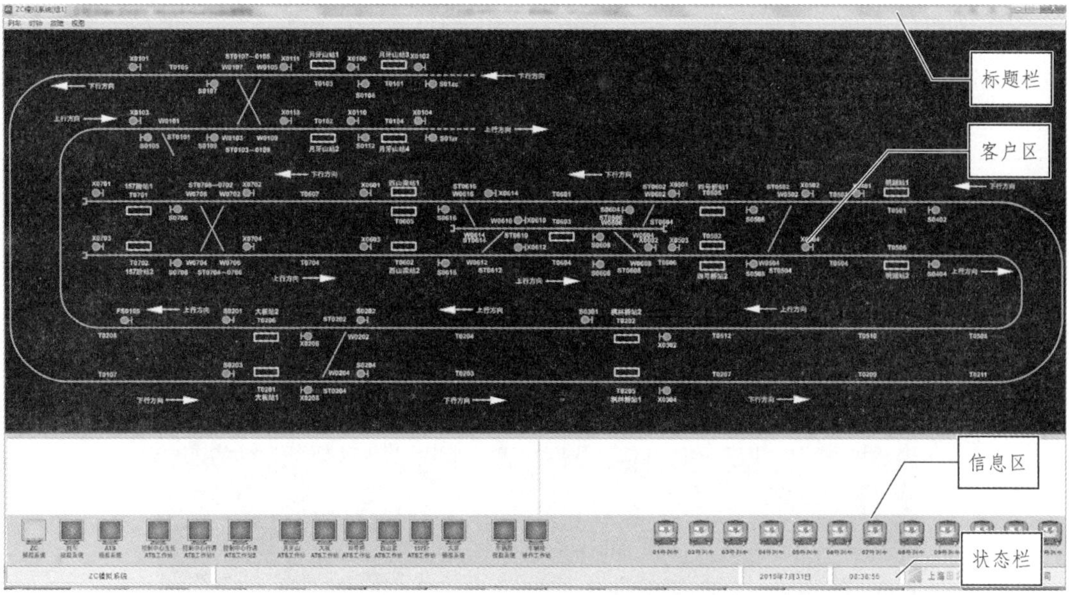

图 9-2　ZC（正线）线路界面

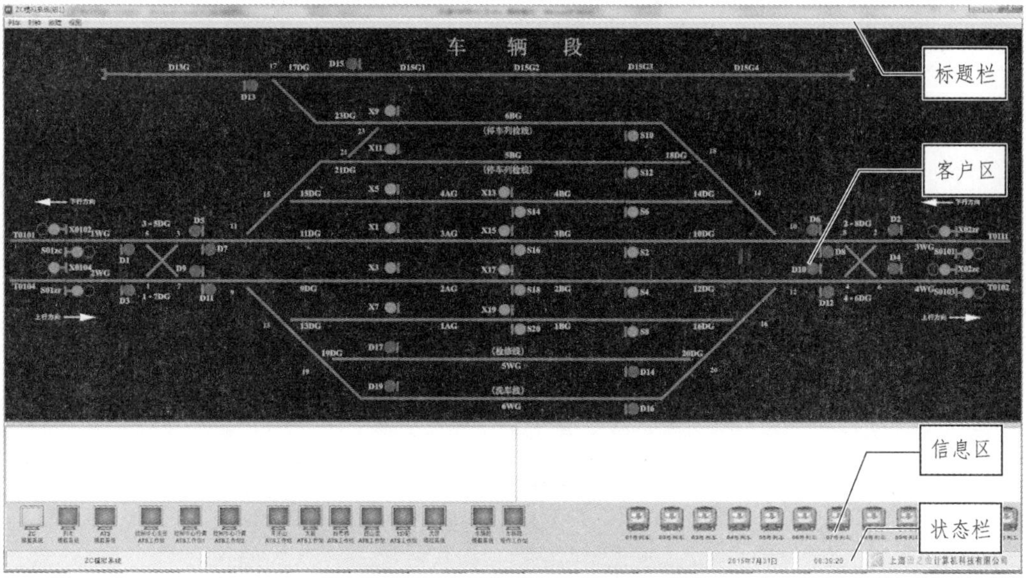

图 9-3　ZC（车辆段）线路界面

3. ZC 系统内创建列车

（1）创建列车。

在 ZC 模拟系统内，选择“站台/股道”（列车设置位置）、列车号，对列车进行初始化设置，列车只能在站台或者车辆段设置，如图 9-4 所示，选择“IAG”（车辆段内停车线）、“1 号车”，然后点击“创建”按钮，出现 1 号车，如图 9-5 所示。

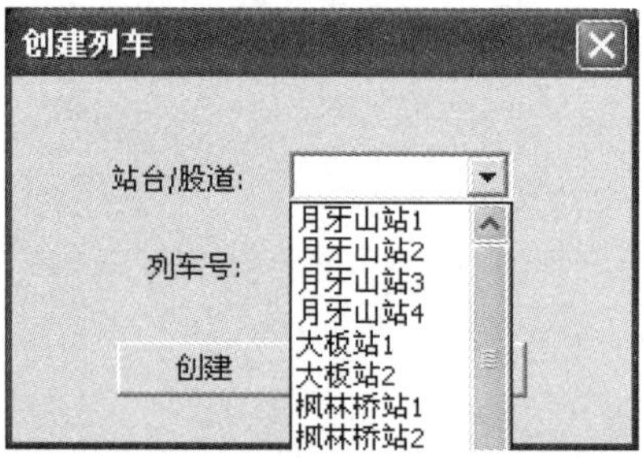

图 9-4　ZC 模拟系统列车设置对话框

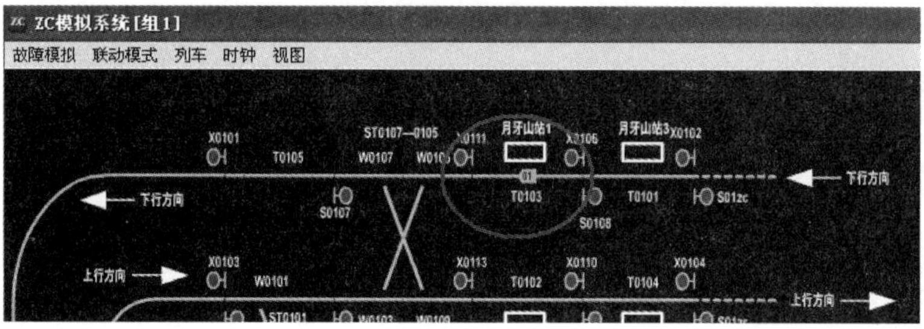

图 9-5　ZC 模拟系统月牙山站设置 1 号车示意图

（2）删除列车。

点击列车——删除列车菜单，弹出如图 9-6 所示对话框，可以对所设列车进行删除。

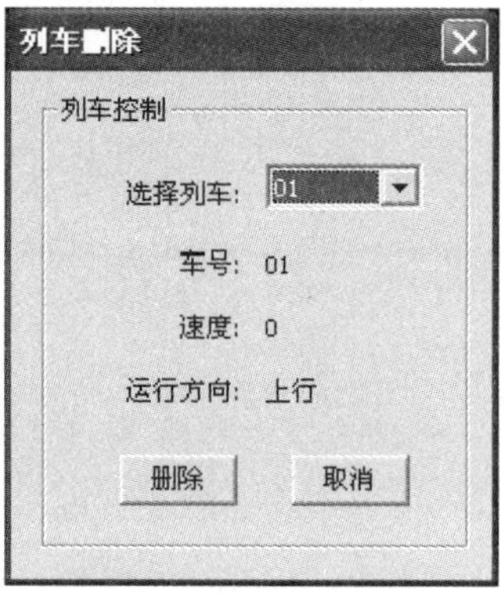

图 9-6　ZC 模拟系统删除列车对话框

如图 9-7 所示，在 ZC 系统点击出模拟时钟对话框，点击“重设”，可调整时间速率，点击“同步”，对仿真模拟时间进行统一设置。

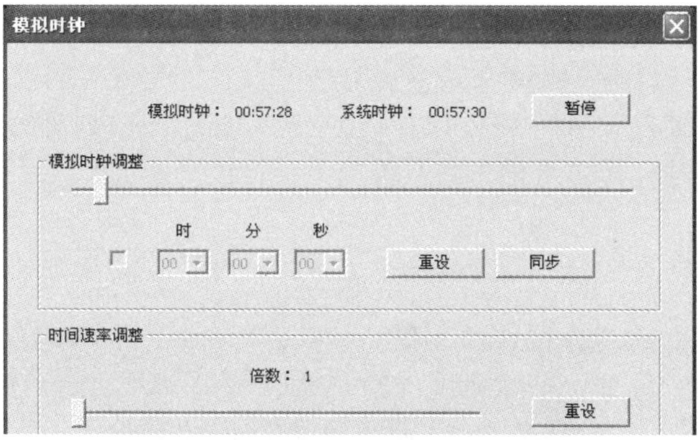

图 9-7　ZC 模拟系统时钟设置对话框

4. 列车初始化设置

（1）列车初始化。

进入列车模拟系统，如图 9-8 所示，亮蓝色表示在线，灰色表示离线，1 号车提前设置在车辆段线路内。如图 9-9 所示，选择黄色箭头，可对列车状态监控状态进行切换，列车状态设置如图 9-10 所示。

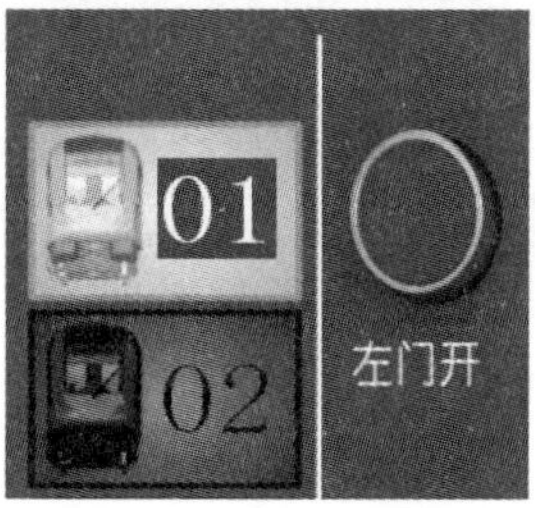

图 9-8　列车选择界面

图 9-9　列车状态监控切换按钮

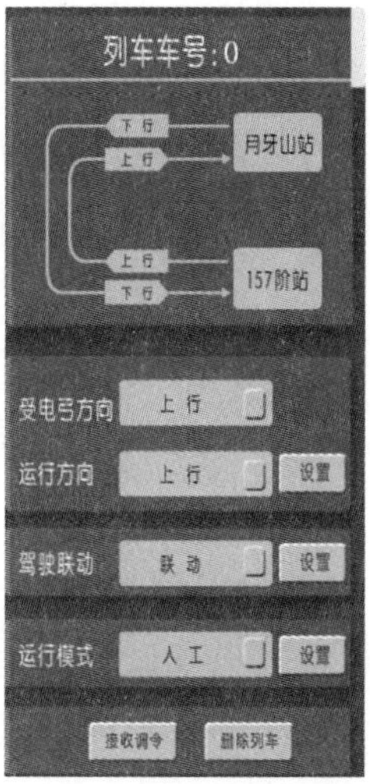

图 9-10　列车状态设置界面

根据自己设置的列车位置，选择列车的受电弓和运行方向，上、下行参考上面的上下行说明图示进行选择，选择完成后，点击“设置”完成对当前列车的初始化。列车初始化完成后，在 ZC、ATS（或 TCC）上会即时显示当前列车的初始化位置。如果列车放置后，未及时对其初始化，则系统里不存在该车。

（2）列车上电。

用鼠标左键按住图 9-11 所示上电开关，从“OFF”位转换到“ON”。

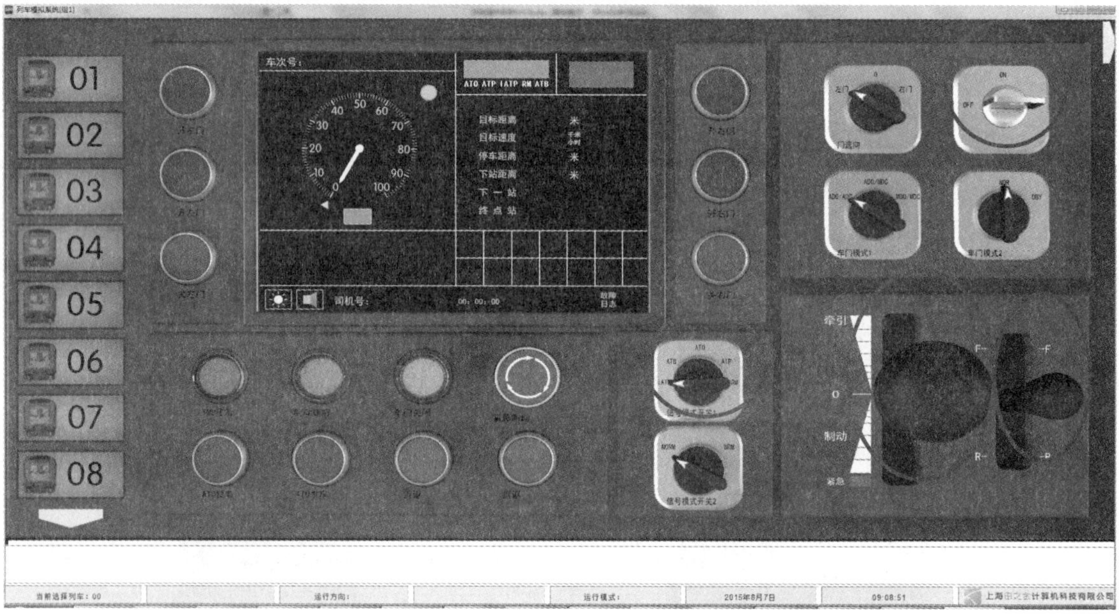

图 9-11　列车上电

（3）列车缓解。

在图 9-11 中，将列车牵引手柄（图中左面手柄为牵引手柄，右面为方向手柄）用鼠标左键按住拉至紧急制动位，然后拉至“O”位（惰行位置），列车制动缓解。

（4）切换驾驶模式。

在图 9-11 中，将驾驶模式按钮用鼠标左键按住转换至 RM 驾驶模式。其余的驾驶模式转换如下：

① ATO 模式：当 ATO 驾驶模式可用时，信号模式开关 2 切换到【NORM】，把信号模式开关 1 切换到【ATO】位，此时当前驾驶模式为 ATO；

② ATP 模式：当 ATP 模式可用时，信号模式开关 2 切换到【NORM】，把信号模式开关 1 切换到【ATP】位，此时当前驾驶模式为 ATP；

③ iATP 模式：当 iATP 模式可用时，信号模式开关 2 切换到【NORM】，把信号模式开关 1 切换到【iATP】位，此时当前驾驶模式为 iATP；

④ RM 模式：信号模式开关 2 切换到【NORM】，将信号模式开关 1 切换到【RM】位，此时当前驾驶模式为 RM；

⑤ NRM 模式：将信号模式开关 2 切换到【NRM】位，此时当前驾驶模式为 NRM；

⑥ ATB 模式：信号模式开关 2 切换到【NORM】，将信号模式开关 1 切换到【ATB】位，此时当前驾驶模式为 ATB。

5. 出库作业

（1）办理出库作业进路。

切换到车辆段模拟子系统，ZC 系统创建好列车后，列车在没有初始化前在车辆段或 ATS 系统是没有显示出来的，但是列车初始化后，列车在车辆段或 ATS 系统才通过虹光带表示其位置。因列车已初始化，观察列车在车辆段位置是否与设置位置相一致。

在车辆段子系统内，按下左下“进路建立”按钮，然后按下出库信号对应的绿色按钮，最后按下入库信号机位置对应的出库进路终端按钮，如图 9-12 所示。信号灯闪烁后建立了出库作业进路，如图 9-13 所示，观察光带、出库信号灯是否显示正常。

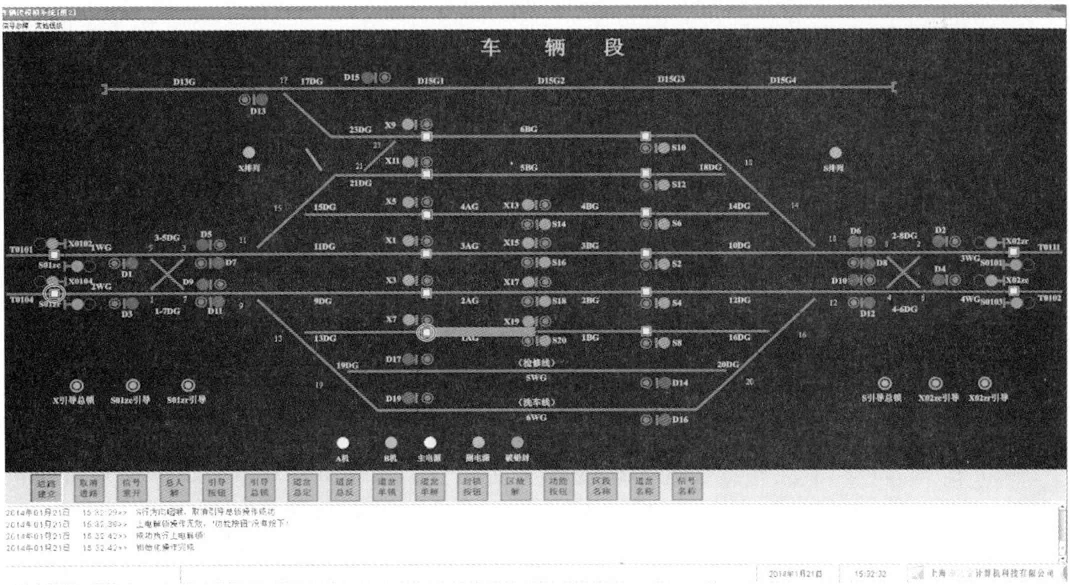

图 9-12　车辆段

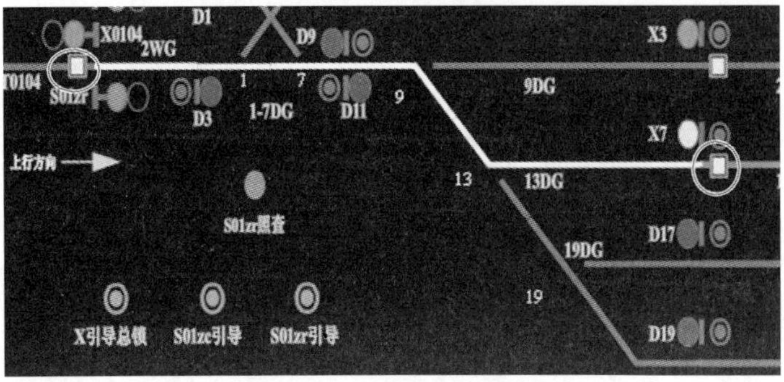

图 9-13　出库作业进路

（2）列车出库至转换轨。

将图 9-11 中的列车牵引手柄转换至“牵引”，方向手柄转换至“向前”，将列车通过 RM 模式牵引至转换轨，在牵引过程中注意列车的 TOD 界面的列车速度，RM 模式限速 20 km/h，如列车速度到达 20 km/h，将牵引手柄从“牵引”位转换至“O”（惰行）位，速度小于 20 km/h 时，再将牵引手柄从“O”（惰行）位转换至“牵引”位，如此反复。通过车辆段子系统观察列车运行位置，列车运行至转换轨位置，将列车牵引手柄转换至“制动”位，列车停稳后将牵引手柄转换至“O”（惰行）位，方向手柄从“向前”位转至中间位，出库作业完成。

（3）出、入库作业注意事项。

① 车场调度根据调度命令、《列车运行图》和《车辆中心检修车间日生产计划》、ATS 工作站和占线板线路空闲情况编制《车辆运营日计划》和《列车收车计划》，安排接发车工作；信号楼值班员在车场调度的领导下，严格按照《车辆运营日计划》和《列车收车计划》，正确及时准备进路办理接发列车工作。

② 在操纵道岔、开放信号时，认真执行“一看、二操作、三确认、四显示（呼唤）”制度。

③ 车辆段内作业优先接发列车，接发列车时，原则上提前 10 min 停止影响接发车进路的调车作业，发车时原则上提前 3 min 开放发车信号。

④ 运营列车距发车前 5 min 故障未处置完毕，车场调度立即通知行车调度、检修调度，及时调整出车顺序，优先安排热备车替开。

⑤ 车辆段作业时，严禁电客车、升弓状态的电力工程车凭自身动力进入无电区；电客车、工程车、救援列车出入车辆段均按列车方式办理；热备车应状态良好，并停放在运用库 A 段，做好随时发车准备。

⑥ 办理接发车进路时，按照“一排到底”的原则办理，严禁排列短进路。

⑦ 信号开放后，无特殊情况不得随意关闭信号；须取消发车进路时，信号楼值班员应先通知司机暂不发车并确认列车尚未启动，关闭发车信号（收回行车凭证），方可取消发车进路；变更接车进路时，信号楼值班员须经车场调度同意，并通知司机，经司机同意后方可关闭信号变更接车进路。

⑧ 出场前，信号楼值班员需通过 ATS 确认转换轨空闲，方可开放 Xzc/Xzr 或 Szc/Szr 信号；若待发列车停放在 B 段时，应按调车方式先将列车调入 A 段，再办理发车作业。

⑨ 入场前，信号楼值班员需通过微机联锁及占线板确认接车线路空闲，方可开放 Sc/Sr 或 Xc/Xr 信号；若到达列车需停放至 B 段时，先按列车方式办理至 A 段，再按调车方式调入 B 段。

6. 正线运营实验

（1）正线月牙山站 1 创建 01 号列车：在 ZC 模拟系统中，在月牙山站 1（月牙山站下行站台）创建 01 号列车。

（2）01 号列车初始化：在列车模拟系统中，设置 01 号车运行方向为下行，转动钥匙图标上电，将“牵引制动手柄”拉至“制动”位，然后再拉到“0”位，缓解紧急制动。

（3）01 号车设置 ATO 驾驶模式：在列车模拟系统中，将“信号模式开关 1”打到“ATO”位，建立 ATO 驾驶模式，TOD 上的驾驶模式显示为 ATO。

（4）01 号车设置目的地 ID：在 ATS 模拟系统中，右键单击 TID，选择菜单“追踪号”—“目的地 ID”，在列表中选择 0001 月牙山站到 157 阶站，单击确定按钮。

（5）01 号车启动运行：在列车模拟系统中，按压“ATO 发车”按钮持续 2 s 以上松开，列车从月牙山站 1 站台出发，向大板站 1（大板站下行站台）运行。

（6）在运行过程中，在车站转换不同驾驶模式运行，体会不同驾驶模式下操作的不同。

7. 入库运营实验

（1）正线月牙山站 2 创建列车：在 ZC 模拟系统上，在月牙山站 2 创建 02 号列车；

（2）列车初始化：列车模拟系统，设置运行方向为上行，转动钥匙图标上电，缓解紧急制动，设置驾驶模式为 ATO；

（3）设置目的地 ID：将列车 DID 设置为 46 月牙山站 2-月牙山站 4；

（4）列车从正线月牙山站 2 站台向转换轨（月牙山站 4）运行：在列车模拟系统中，按压“ATO 发车”按钮持续 2 s 以上松开，列车从月牙山站 2 站台出发，向月牙山站 4（转换轨）运行；

（5）列车在转换轨（月牙山站 4）停车：列车运行到转换轨，并完全进入转换轨后，自动停车，在列车模拟系统中，将“信号模式开关 1”打到“RM”位，将驾驶模式切换到 RM 模式；

（6）列车从转换轨（月牙山站 4）运行至车辆段：车辆段模拟系统，排列 1 条入库进路 S01zrS14；S01zr 信号开放后，在列车模拟系统中，将“牵引制动手柄”拉至“牵引”位，列车按照入库进路，运行到车辆段的 4AG 停车股道停车。

四、实验报告要求

认真完成实验报告，报告要用实验报告纸，书写工整，按时上交。

五、实验注意事项

（1）未经允许不能携带存储盘进入实验室。

（2）严格按照实验步骤操作计算机，不准进入计算机其他系统。

（3）不准修改、删除计算机内所有文件。

（4）爱护实验室设备。

六、思考题

（1）如果遇到从车辆段进入转换轨的进路无法自动触发建立，应该怎么办？

（2）车辆段包含哪些功能？

（3）列车入库时，车辆段调度员和正线控制中心调度如何进行协同工作完成列车入库？

（4）如果车辆段由于入库进路有红光带故障，不能正常排列进路，可以采用什么方式来接车？

实验十 车辆段联锁及调车实验

一、实验目的

（1）了解车辆段微机联锁的各个联锁操作功能。
（2）了解车辆段微机联锁的联锁功能。
（3）掌握车辆段正常调车作业。
（4）掌握信号机灯丝断丝时的调车作业。
（5）掌握道岔失表时的调车作业。
（6）掌握区段故障时的调车作业。
（7）了解非进路调车作业。

二、实验设备

ATC 仿真系统　　60 套

三、实验步骤

1. 系统登录（见图 10-1）

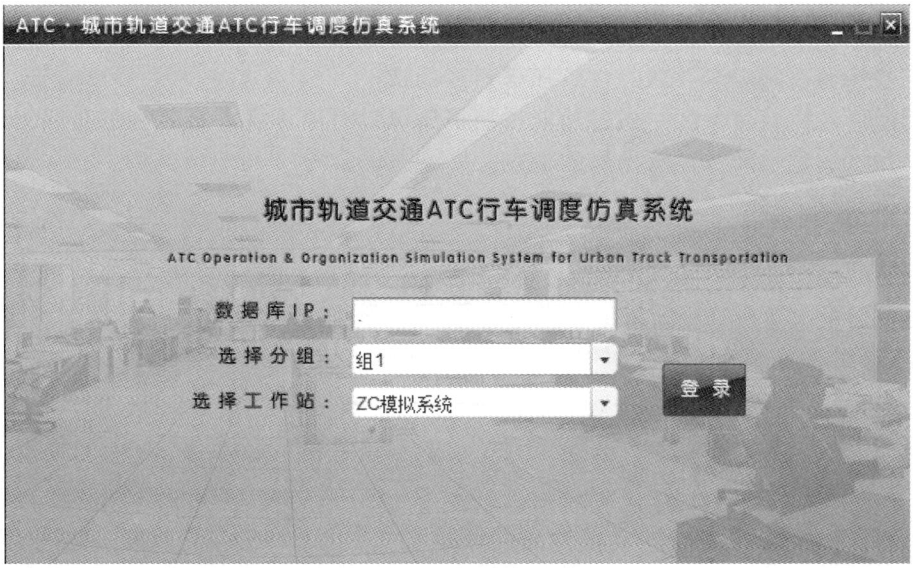

图 10-1　系统登录主界面

IP：172.30.15.1。

选择分组：根据指导教师安排，选择自己的分组。

选择工作站：小组内依次登录 ZC、ATS、车辆段、列车。

2. 熟悉车辆段系统的基本操作

车辆段模拟系统人机界面由主菜单、站场图、功能按钮区、操作信息显示区组成。以图 10-2 所示的人机界面图示为例说明。

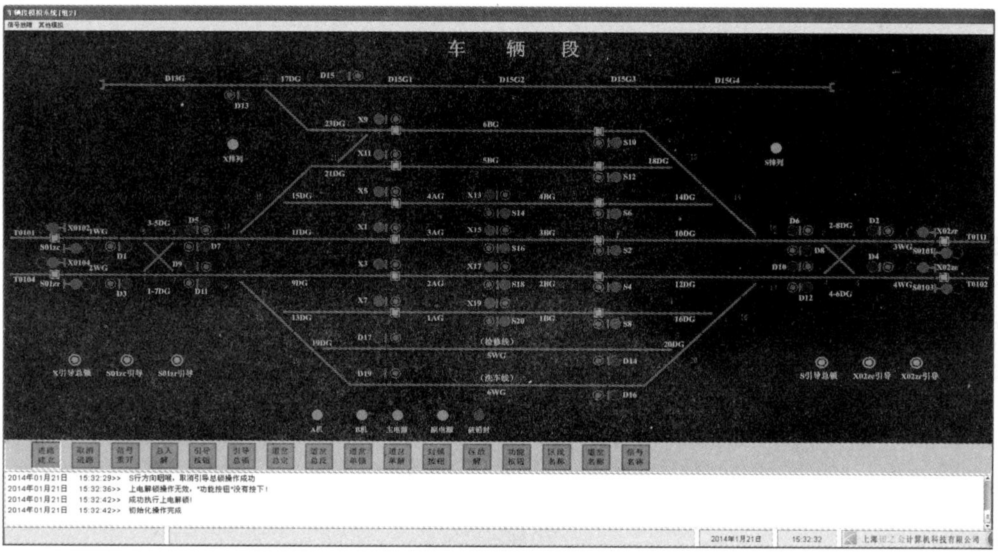

图 10-2 车辆段界面示意图

主菜单：由故障模拟和其他模拟组成。

站场图：车辆段所管辖范围内的站场显示，黑底背景，由信号机、道岔、轨道区段、信号按钮、状态灯、状态灯按钮等符号组成。

功能按钮控制命令区：通过功能按钮控制可以对停车场进行各种信号联锁操作。

操作信息显示区：显示操作的信息。

3. 车辆段信号设备基本操作

（1）单操道岔 C2 至反位和定位。

如果道岔处于定位，则单操道岔至反位。如果道岔处于反位，则单操道岔至定位。

① 按压【道岔总定】功能按钮，并使之处于按下状态。点击道岔 C2 的道岔号图标，开始单操道岔到定位。

执行完成之后，道岔 C2 被操作到定位，且该道岔的联动道岔 C4 同样被操作至定位。

② 按压【道岔总反】功能按钮，并使之处于按下状态。点击道岔 C2 的道岔号图标，开始单操道岔到反位。

执行完成之后，道岔 C2 被操作到反位，且该道岔的联动道岔 C4 同样被操作到反位。

（2）单锁道岔 C2。

按压【道岔单锁】功能按钮，并使之处于按下状态。点击道岔 C2 的道岔号图标，开始单操道岔。

执行完成之后，道岔 C2 被单锁，该道岔的道岔号图标显示红色。

（3）单解道岔 C2。

办理破铅封操作，【破铅封】状态表示灯显示红色。

按压【道岔单解】功能按钮，弹出密码输入对话框，输入密码 12345，并点击【确定】按钮。输入密码验证成功后，【道岔单解】功能按钮保持按下状态。点击道岔 C2 的道岔号图标，开始单解道岔。

执行完成之后，道岔 C2 的单锁状态被解除，该道岔的道岔号图标显示定位或反位状态。

（4）建立由 4AG 股道出库的进路。

按压【进路建立】功能按钮，使之处于按下状态。

点击进路始端信号机 X5 的绿色方形的列车按钮图标 X5LA，此时始端按钮显示蓝色，可排列的进路终端按钮显示黄色闪烁。

点击黄色闪烁的进路终端列车按钮图标 S01zcLA，此时进路的始端和终端按钮显示白色闪烁，并开始排列进路。

进路建立后，道岔转动到规定位置，进路锁闭，区段显示为白色光带，进路始端信号机开放。

（5）取消由 4AG 出库的进路。

按压【取消进路】功能按钮，使之处于按下状态。

点击已经建立的进路始端绿色方形的列车按钮图标 X5LA，开始取消进路。

进路取消后，进路始端信号机关闭，进路解锁，区段显示空闲状态。

（6）建立由 4AG 至 1WG 的调车进路。

按压【进路建立】功能按钮，使之处于按下状态。

点击进路始端 X5 的圆形调车按钮图标 X5DA，此时始端按钮显示蓝色，可排列的进路终端按钮显示黄色闪烁。

点击黄色闪烁的进路终端调车按钮图标 D1DA，此时进路的始端和终端按钮显示白色闪烁，并开始排列进路。

由于联锁条件满足，进路可以建立，道岔转动到规定位置，进路锁闭，区段显示为白色光带，进路始端信号机开放。

（7）取消由 4AG 至 1WG 的调车进路。

按压【取消进路】功能按钮，使之处于按下状态。

点击已经建立的进路始端的调车按钮图标 X5DA，开始取消进路。

进路取消后，进路始端信号机关闭，进路解锁，区段显示空闲状态。

（8）重开入库进路 S01zcX7 的防护信号。

情形 1：人工取消列车进路，重开信号

建立进路 S01zcX7，建立后进路始端信号机 S01zc 开放。

取消进路 S01zcX7，取消后始端信号机 S01zc 关闭，但进路不解锁。

按压【信号重开】功能按钮，使之处于按下状态。

点击已经建立的进路始端绿色方形的列车按钮图标 S01zcLA，开始重开信号。

信号重开后，进路始端信号机重新显示为信号机开放状态。

情形 2：瞬间红光带，重开信号

建立进路 S01zcX7，建立后进路始端信号机 S01zc 开放。

设置进路中的区段 13DG 为瞬间红光带：设置 13DG 轨道电路故障（红光带），此时进路的防护信号 S01zc 关闭，然后恢复区段 13DG 为正常状态，此时信号仍为关闭状态。

按压【信号重开】功能按钮，使之处于按下状态。

点击已经建立的进路始端绿色方形的列车按钮图标 S01zcLA，重开信号。

信号重开后，进路防护信号机重新显示为信号机开放状态。

（9）延时解锁入库列车进路 S01zcX7。

办理破铅封操作，【破铅封】状态表示灯显示红色。

按压【总人解】功能按钮，弹出密码输入对话框，输入密码 12345，并点击【确定】按钮。输入密码验证成功后，【总人解】功能按钮保持按下状态。

点击已经建立的进路始端绿色方形的列车按钮图标 S01zcLA，开始延时解锁入库进路。

进路始端信号机 S01zc 关闭，并进入总人解倒计时过程。倒计时结束后，进路解锁，区段显示空闲状态。

（10）办理由 S01zc 至 2AG 的引导进路。

设置 9DG 区段轨道电路故障（红光带）。

引导接车进路中的道岔开通到进路所需的位置：除道岔 9 之外，其他道岔位置都满足要求，道岔 9 当前处于反位，由于 9DG 红光带，道岔占用锁闭，不能单操，需要手摇道岔到定位。

办理破铅封操作，【破铅封】状态表示灯显示红色。

按压【引导按钮】功能按钮，弹出密码输入对话框，输入密码 12345，并点击【确定】按钮。输入密码验证成功后，【引导按钮】功能按钮保持按下状态。

点击进路始端信号机 S01zc 的引导按钮状态表示灯图标【S01zc 引导】，开始建立引导进路。

进路建立成功后，进路锁闭，信号机开放引导信号（红白灯）。

（11）人工解锁由 S01zc 至 2AG 的引导进路。

办理破铅封操作，【破铅封】状态表示灯显示红色。

按压【总人解】功能按钮，弹出密码输入对话框，输入密码 12345，并点击【确定】按钮。输入密码验证成功后，【总人解】功能按钮保持按下状态。

点击已经建立的引导进路始端绿色方形的列车按钮图标 S01zcLA，引导信号 S01zc 关闭，并进入延时解锁倒计时过程。倒计时结束后，引导进路解锁，锁闭的区段显示空闲状态，故障的区段仍为占用状态。

（12）办理由 S01zr 至 1AG 的引导进路。

设置 2WG 和道岔 7 的 7DG 区段轨道电路故障（红光带）。

引导接车进路中的道岔开通到进路所需的位置：除道岔 5、7、9 之外，其他道岔当前位置都满足要求。手摇道岔：① 道岔 5、7 当前处于反位，由于 7DG 红光带，道岔占用锁闭，不能单操，需要手摇道岔到定位。② 道岔 9 当前处于定位，由于 9DG 红光带，道岔占用锁闭，不能单操，需要手摇道岔到反位。

办理破铅封操作，【破铅封】状态表示灯显示红色。

按压【引导按钮】功能按钮，弹出密码输入对话框，输入密码 12345，并点击【确定】按钮。输入密码验证成功后，【引导按钮】功能按钮保持按下状态。

点击进路始端信号机 S01zr 引导按钮状态表示灯图标【S01zr 引导】，开始建立引导进路。

进路建立成功后，进路锁闭，进路引导信号开放（红白灯）。

此时，由于引导信号内方第一区段 2WG 红光带，因此每隔一段时间（软件中模拟的是 10 s 之后，引导信号会自动关闭），引导信号会自动关闭，需要通过以下步骤重开：① 按压【引导按钮】功能按钮，弹出密码输入对话框，输入密码 12345，并点击【确定】按钮。输入密码验证成功后，【引导按钮】功能按钮保持按下状态。② 点击进路始端信号机 S01zr 引导按钮状态表示灯图标【S01zr 引导】，重开引导信号。

（13）人工解锁由 S01zr 至 1AG 的引导进路。

办理破铅封操作，【破铅封】状态表示灯显示红色。

按压【总人解】功能按钮，弹出密码输入对话框，输入密码 12345，并点击【确定】按钮。输入密码验证成功后，【总人解】功能按钮保持按下状态。

点击已经建立的引导进路始端绿色方形的列车按钮图标 S01zrLA，引导信号 S01zr 关闭，并进入延时解锁倒计时过程。倒计时结束后，引导进路解锁，锁闭的区段显示空闲状态，故障的区段仍为占用状态。

恢复 2WG、7DG、9DG 区段为正常状态。

（14）办理上行咽喉由 X02zc 至 4BG 引导总锁接车进路。

设置道岔 10 失去表示，此时无法正常排列进路和办理引导接车进路。

接车进路中的道岔开通到进路所需的位置：将当前处于定位的道岔 6/8、14 单操到反位，道岔 10 由于失去表示（实际位置处于定位），需要通过手摇道岔到反位。

办理破铅封操作，【破铅封】状态表示灯显示红色。

按压【引导总锁】功能按钮，弹出密码输入对话框，输入密码 12345，并点击【确定】按钮，系统提示输入第二重密码，再次输入密码 12345，点击【确定】按钮。输入密码验证成功后，【引导总锁】功能按钮保持按下状态。

点击上行咽喉引导总锁状态表示灯按钮图标【S引导总锁】，开始执行引导总锁。执行完成之后，该咽喉所有道岔引导总锁，道岔号图标显示为红色。

办理以X02zc为始端的引导进路操作，开放引导总锁信号：① 按压【引导按钮】功能按钮，弹出密码输入对话框，输入密码12345，并点击【确定】按钮；输入密码验证成功后，【引导按钮】功能按钮保持按下状态；② 点击进路始端信号机X02zc引导按钮状态表示灯图标【X02zc引导】，开放引导信号（红白灯，此时该信号与进路、道岔之间没有联锁关系，所有安全由人工来保障）。

（15）解除上行咽喉引导总锁，关闭引导总锁信号X02zc。

办理破铅封操作，【破铅封】状态表示灯显示红色。

按压【引导总锁】功能按钮，弹出密码输入对话框，输入密码12345，并点击【确定】按钮，系统提示输入第二重密码，再次输入密码12345，点击【确定】按钮。输入密码验证成功后，【引导总锁】功能按钮保持按下状态。

点击上行咽喉引导总锁状态表示灯按钮图标【S引导总锁】，解除引导总锁，引导信号关闭，该咽喉所有道岔引导总锁解除。

（16）封锁信号机X17、封锁道岔C19、封锁区段5BG。

按压【封锁按钮】功能按钮，弹出密码输入对话框，输入密码12345，并点击【确定】按钮。输入密码验证成功后，【封锁按钮】功能按钮保持按下状态。

【封锁按钮】处于按下状态时，点击X17信号机图标，开始执行信号封锁，封锁完成之后，信号机显示粉红色闪烁。封锁后，以该信号为始端的进路无法建立。

【封锁按钮】处于按下状态时，点击道岔C19的道岔号图标，开始执行道岔封锁，封锁完成之后，道岔号图标显示粉红色闪烁。道岔封锁后，经过该道岔的任何进路均无法建立。

【封锁按钮】处于按下状态时，点击5BG区段图标，开始执行区段封锁，封锁完成之后，区段显示粉红色闪烁。区段封锁后，经过该区段的任何进路均无法建立。

再次对已封锁的设备办理一次封锁操作，解除上述3个设备的封锁状态。

（17）区段故障解锁。

建立由5BG至1WG的调车进路。

激活漏解锁设置选项（通过单击车辆段模拟系统中的信号故障菜单下的“漏解锁”子菜单，选中即为激活）。

创建并初始化列车：ZC模拟系统中，切换到车辆段视图界面，在车辆段5BG上创建01号列车。列车模拟系统中，在列车列表中选择新创建的01号列车，初始化列车运行方向为下行，并设置驾驶模式为RM模式。

调车运行：在列车模拟系统中，将牵引制动手柄拉至【牵引】位，启动列车运行。

漏解锁取消：当列车出清15DG后，取消漏解锁设置选项（通过单击车辆段模拟系统中的信号故障菜单下的“漏解锁”子菜单，未选中即为取消）。

列车完全进入1WG后，除21DG和15DG漏解锁外，其他区段均解锁。

办理破铅封操作，【破铅封】状态表示灯显示红色。

按压【区故解】功能按钮，弹出密码输入对话框，输入密码 12345，并点击【确定】按钮。输入密码验证成功后，【区故解】功能按钮保持按下状态。

分别点击站场图 21DG 和 15DG 区段，进行区故解，两个区段的锁闭状态消失，显示为空闲状态。

所有区故解办理完成之后，按压【进路建立】功能按钮，使之处于按下状态，以便排列其他进路。

4. 车辆段调车作业要求

（1）调车作业的指挥及要求。

① 调车作业中，调车有关人员要认真执行“要道还道”制度，司机未按规定与信号楼联控时，禁止擅自动车。

② 工程车调车作业由调车员单一指挥，调车员由工程车司机担任，特殊情况，调车员可由其他胜任人员担任；当班时间内，严禁轮换担任调车员。

③ 工程车连挂电客车时，距停留车 10 m 处和 1 m 处时应一度停车，确认车钩位置正确后，以不超过 3 km/h 速度连挂。

④ 电客车自身动力调车作业由专职调车司机担任，特殊情况下需正线或调试司机调车时，须指派胜任人员上车添乘。

⑤ 原则上不得利用出入场线办理调车作业，遇特殊情况需要占用转换轨调车时，必须征得行调同意后方可办理。

（2）调车计划编制注意要点。

电客车洗车计划，车辆检修提供的车辆检修计划，工程车开行计划，机车车辆的调试计划，生产部门提报的施工、检修配合计划，材料装卸线车辆装卸情况，相关部门、承建商、未交付使用的机车车辆厂家的动车计划，其他需要临时动车的申请。

（3）计划传达。

① 车场调度应当面向调车员和调车司机交递书面调车计划，并布置作业重点和安全注意事项，调车员负责向其他参与作业的人员传达清楚。

② 车场调度使用传真或录音电话方式向信号楼后台值班员传达调车计划，信号楼后台值班员复诵、核对无误后向前台值班员递交。

（4）计划变更。

① 未经调车领导人同意，作业人员不准私自变更调车作业计划。

② 变更作业计划应停车传达，作业相关人员清楚作业内容后，方可继续作业。

③ 变更计划不超过三勾时，须停车传达，可以使用 800M 手持台向信号楼值班员、调车司机、调车员等各岗位口头方式布置，由信号楼值班员复诵。

（5）调车作业通知单（见表 10-1）填写要求。

① 日期班次及计划批次，使用阿拉伯数字填写，车号填写调车机车号或电客车车组号。

② 股道号码栏，使用阿拉伯数字填写。

③ 挂车使用+，摘车使用－；单机或自身动力转线不须填写。

④ 车数（辆数），使用阿拉伯数字填写，单机或自身动力转线不须填写。

⑤ 注意事项填写内容包括：机车号、电客车车组号、摘挂车最后一辆车号、各类标记符号、线路或车辆临时限速、作业内容、安全注意事项及其他特殊要求等，需同时写车号和其他注意事项时，应先填写车号再写注意事项。

⑥ 计划下达时间，调车领导人由车场调度签名。

表 10-1　调车作业通知单

车号：

<table>
<tr><th>顺号</th><th>股道号码</th><th>摘挂（+、-）</th><th>车数</th><th>注意事项</th></tr>
<tr><td>1</td><td></td><td></td><td></td><td></td></tr>
<tr><td>2</td><td></td><td></td><td></td><td></td></tr>
<tr><td>3</td><td></td><td></td><td></td><td></td></tr>
<tr><td>4</td><td></td><td></td><td></td><td></td></tr>
<tr><td colspan="5">计划下达时间：　　时　　分
调车领导人：</td></tr>
<tr><td colspan="5">作业开始时间：　　时　　分　　　　作业结束时间：　　时　　分
信号楼值班员（调车班司机）：</td></tr>
</table>

备注：+，挂车；－，摘车；Δ，单机；有车，该股道停有车辆；调试，试车线调试作业；洗车，车辆清洗作业。

（6）调车作业指挥及进路确认。

① 调车作业中，调车有关人员要认真确认进路及信号显示，根据调车员命令及信号显示动车。

② 单机运行或牵引运行时，前方进路的确认由调车司机负责；推进车辆运行时，前方进路的确认由调车员负责。

③ 没有得到调车员的动车指令，不准动车。单机运行司机可根据调车信号机显示的进行信号动车。

④ 压信号机原路折返时，信号楼值班员必须确认原进路上相关道岔位置正确并单锁，通知调车员进路已加锁后，调车员确认道岔开通正确后，向司机显示动车信号。

（7）库内调车作业规定。

① 进入检修库及其他停车车库取送车辆时，应在车库库门、平交道口外一度停车，确认库门开启状态及平交道口是否有障碍物或行人。

② 检查库内线路状态、货物及设备堆放状况，通知有关人员及时停止影响调车作业的工作和撤除防护标志牌。

③ 机车车辆进入设有大门的线路前，车场调度应提前通知相关人员开启大门并固定妥当。

（8）车场转线作业。

① 客车转线作业须进入牵出线或库内股道换端后折返，遇特殊情况须就近折返时，须与信号楼联系妥当，确认越过折返信号机后停车。

② 工程车转线调车作业时（含工程车挂电客车转线）可就近折返，如遇接发列车或其他情况时，工程车须按信号楼要求运行至牵出线待令。

③ 所有转线调车进路须排列至线路终端，严禁排列短进路进行转线作业。

④ 机车车辆越过折返信号机须保持 10 m 以上安全距离，停稳或换端后与信号楼联控申请下一进路，确认信号开放，进路正确并与信号楼联系妥当后方可动车。

⑤ 严禁利用洗车线进行调车转线作业；特殊情况需进入时须经洗车机值班员同意后，限速 3 km/h 通过。

（9）信号设备故障须人工排列进路调车的规定。

① 人工排列进路时，现场作业人员不得少于 2 人，一人操作，另一人协助确认和防护。

② 若进路由多组道岔组成，必须要以列车为参照物“由近及远”排列进路；确认进路时，现场人员须“由远及近”确认完整进路。

③ 进路上非联锁或故障道岔必须加钩锁器，且钩锁牢固。

④ 非故障道岔由信号楼操作至正确位置后单锁，逐个确认道岔开通位置是否正确。

⑤ 人工排列进路完毕后，现场人员须执行“双人确认”规定，检查进路上所有道岔开通位置是否正确。

⑥ 采用人工排列进路的调车作业计划，场调必须注明安全注意事项，按规定进行信息汇报，管理人员须到现场进行卡控，确保作业安全。

⑦ 调车司机须严格执行作业标准，按现场人员或信号楼的指令动车，岔前必须一度停车，确认道岔位置正确后方可动车。

⑧ 车场内运行速度不得超过 20 km/h，严禁超速运行。

（10）车场段作业标准用语（见表 10-2）。

表 10-2　车辆段呼唤应答标准用语

序号	呼叫时机	司机/调车员（车长）	信号楼后台值班员/车场调度	备注
1	整备作业前	① 信号楼，××车在×道（×段）整备作业	② ××车在×道（×段）整备作业，信号楼明白	司机在到达指定列车/机车停放地点时呼叫信号楼
2	列车、机车整备完毕后	① 信号楼，××车在××道（×段）整备作业完毕	② ××车在××道（×段）整备作业完毕，信号楼明白	
3	调车班司机、调车员要道	① 信号楼，××车请求上××道（×段）	② ××车请求上××道（×段），信号楼明白	调车班司机必须执行“要道还道”

续表

序号	呼叫时机	司机/调车员（车长）	信号楼后台值班员/车场调度	备注
4	要求列车、机车调车	② ××车××道（×段）往××道（×段）信号好可以动车，司机明白	① ××车××道×段往××道×段场信号好，可以动车	—
5	列车出库	① 信号楼，××车××道信号黄灯。 ③ ××道黄灯出库，Xzc/Szc/Xzr/Szr 信号机红灯前停车	② ××道黄灯出库，Xzc/Szc/Xzr/Szr 信号机红灯前停车	电客车司机看到出库信号机显示黄灯后联系信号楼
6	列车出场	① 信号楼，××车 Xzc/Szc/Xzr/Szr 信号黄灯。 ③ Xzc/Szc/Xzr/Szr 信号黄灯出场，司机明白	② Xzc/Szc/Xzr/Szr 信号黄灯出场	电客车司机看到出场信号机显示黄灯后联系信号楼
7	列车直接出场	① 信号楼，××车××道信号黄灯。 ③ ××道黄灯出场，司机明白。（经入场线出场时：××道黄灯，经 Xzr/Szr 出场，司机明白）	② ××道黄灯出场（经入场线出场时：××道黄灯，经 Xzr/Szr 出场）	电客车司机看到出库信号机显示黄灯后联系信号楼
8	使用电话闭塞法行车时	② ××次××车，停车场至×××使用电话闭塞法行车，电话记录号码×××，司机明白。 ④ ××次××车××道 A 段经转换轨×道进×××上/下行站台进路好，可以动车，司机明白	① ××次××车，停车场至×××使用电话闭塞法行车，电话记录号码×××。 ③ ××次××车××道 A 段经转换轨×道进×××上/下行站台进路好，可以动车	—
9	列车在转换轨停车后请求入场	① 信号楼，××车在 Xzc/Szc/Xzr/Szr 信号机前停稳，入场信号黄/红灯。 ③ 信号黄/红灯，入××道/待令，司机明白。（列车需入 B 场时：信号黄灯，入××道 A 段，凭调车信号入 B 场，司机明白）	② 信号黄/红灯，入××道/待令（列车需入 B 段时：信号黄灯，入××道 A 段，凭调车信号入 B 段）	—
10	使用引导信号（引导手信号）接车	② Xzc/Szc/Xzr/Szr 信号机往×道 A 段入场进路好，××次××车凭引导信号（引导手信号）动车，司机明白	① ××次××车，Xzc/Szc/Xzr/Szr 信号机往×道 A 段入场进路好，凭引导信号（引导手信号）动车	—

续表

序号	呼叫时机	司机/调车员（车长）	信号楼后台值班员/车场调度	备注
11	列车回场到达指定位置停车后	① 信号楼，××次××车×道（×段）停稳	② ××次××车×道（×段）停稳，信号楼明白	—
12	电客车自身动力调车，司机换端后	① 信号楼××车已在牵××停稳，已越过××信号机。 ④ ××车牵××往××道×段信号好，司机明白	② ××车已在牵××停稳，司机已换端，已越过××信号机。 ③ ××车牵××往××道×段信号好	换端完毕后确认列车已完全越过反向信号机，再呼叫信号楼。 司机复诵完毕，确认信号正确后才可开司机台钥匙。 调车班司机作业时必须执行“要道还道”
13	调车作业完毕后	① 信号楼，××车×道×段停稳	② ××车×道×段停稳，信号楼明白	—

5. 车辆段调车作业

（1）正常情况下，由股道 1AG 调车至股道 3AG。

① 创建并初始化列车：ZC 模拟系统切换到车辆段视图界面，并在车辆段 1AG 上创建一个列车。在列车模拟系统列车列表中选择新创建的列车，初始化列车运行方向为下行，并设置驾驶模式为 RM 模式。

② 编制调车作业计划。

③ 调车出原股道；车辆段排列长调车进路 X7D3，进路建立完成之后，进路锁闭，进路上所有同向的调车信号机开放；列车模拟系统确定运行方向是否与始端信号机方向相同（此时为下行），确认相同后，推动牵引制动手柄至【牵引】位，启动列车运行；当列车完全进入 2WG 区段时，列车模拟系统推动牵引制动手柄至【制动】位，停下列车。

④ 调车进入目标股道：车辆段模拟系统排列长调车进路 D3X1，进路建立完成之后，锁闭进路，进路上所有同向的调车信号机开放；列车模拟系统切换运行方向与始端信号机方向相同（此时为上行），切换完成后，推动牵引制动手柄至【牵引】位，启动列车运行；当列车完全进入股道 3AG 时，列车模拟系统推动牵引制动手柄至【制动】位停车。

注意：在作业过程中，担任不同岗位的人员之间呼唤应道用语应标准。

（2）在信号机 S16 灯丝断丝时，由股道 3AG 调车至 3WG。

① 编制调车作业计划。

② 设置信号机 S16 灯丝断丝故障：车辆段模拟系统选择菜单栏【信号故障】—【信号机故障】，使【信号机故障】菜单处于选中状态。按下【进路建立】功能按钮，点击 S16 信号机图标，弹出【信号机故障】对话框，选中【灯丝断丝】并确定。设置完成后，信号机 S16 显示为红色闪烁的灯丝断丝故障。

③ 排列调车进路：车辆段模拟系统排列长调车进路 S16D2，进路建立完成后，锁闭进路，进路上所有同向的正常的调车信号机开放，始端信号机 S16 由于灯丝断丝故障不能开放。

④ 设置信号机调令并启动列车：车辆段模拟系统选择菜单栏【其他模拟】—【信号机调令】。在弹出的对话框中选中信号机 S16，选择【设置调令】并确定。信号机调令设置成功之后，列车模拟系统确认运行方向与始端信号机方向相同，并推动牵引制动手柄至【牵引】位，启动列车运行。当列车完全进入股道 3WG 后，列车模拟系统推动牵引制动手柄至【制动】位停车。

⑤ 恢复信号机 S16 灯丝断丝为正常状态。

注意：在作业过程中，担任不同岗位的人员之间呼唤应道用语应标准。

（3）道岔 C4 失表时，由 3WG 调车至股道 5WG。

① 编制调车作业计划。

② 设置道岔失去表示故障：车辆段模拟系统选择菜单栏【信号故障】—【道岔故障】，使【道岔故障】菜单处于选中状态。按下【进路建立】功能按钮，点击道岔 C4 的道岔号图标，弹出【道岔故障】对话框，选中【失去表示】并确定。设置完成后，道岔 C4 的岔心与道岔号均显示为红色闪烁。

③ 车辆段开通非故障区域的进路：由于此时进路 D10D14 上未设置故障，因此排列进路 D10D14 至 5WG。

④ 车辆段开通故障区域的进路：由于 C4 故障，进路 D2D12 不能建立，因此需要手摇道岔 C4 与 C2 至反位。车辆段模拟系统选择菜单栏【其他模拟】—【手摇道岔】。弹出【手摇道岔】对话框，选择要操作的道岔 C4 或 C2，选择【反位】并确定。操作完成其中一个道岔的【实际位置】至反位后，操作另外一个道岔的实际位置至反位。手摇道岔完成之后，办理引导总锁操作，锁闭该咽喉所有道岔。

⑤ 对信号机 D2 设置允许列车通过调令。

⑥ 起动列车运行：列车模拟系统中，以调令为行车凭证，切换列车运行方向为始端信号机方向（此时为下行），并推动牵引制动手柄至【牵引】位，启动列车运行。当列车完全进入股道 5WG 后，列车模拟系统推动牵引制动手柄至【制动】位，停下列车。

⑦ 解除引导总锁，解除道岔 4 故障，恢复正常。

（4）19DG 区段故障时，由股道 5WG 调车至股道 6BG。

① 编制调车作业计划。

② 设置 19DG 区段轨道电路故障：车辆段模拟系统选择菜单栏【信号故障】—【区

段故障】，使【区段故障】菜单处于选中状态。按下【进路建立】功能按钮，点击区段 19DG 图标，弹出【区段故障】对话框，选中【轨道电路故障】并确定。设置完成后，区段 19DG 显示红色光带。

③ 车辆段开通非故障区域的进路：由于此时进路 D9D1 上未设置故障，因此可排列进路 D9D1 至 1WG。

④ 车辆段开通故障区域的进路：通过【道岔总定/反】操作进路上道岔区段及道岔均正常的道岔 C9、C13 至进路所需位置（C9 反位，C13 定位）。通过【手摇道岔】操作进路上道岔区段或道岔故障的道岔 C19 至规定位置（C19 反位）。道岔转动至规定位置之后，单锁故障区域的进路上道岔 C9，C13，C19 于当前位置。

⑤ 设置列车通过信号机 D17（红灯）调令。

⑥ 列车模拟系统确认运行方向正确后（下行方向），控制牵引制动手柄，启动列车运行至 1WG。

⑦ 调车至 6BG：车辆段模拟系统建立长调车进路 D1X9，建立完成之后，进路锁闭，信号机开放。

⑧ 列车模拟系统，切换运行方向为上行，启动列车运行至 6BG。

⑨ 解除上述单锁的道岔，恢复故障区段到正常状态。

（5）车辆段非进路调车。

① 由股道 6BG 调车至区段 D13G：车辆段模拟系统建立调车进路 X9D13，建立完成之后，进路锁闭，X9 调车信号开放。

② 列车模拟系统切换运行方向为下行，启动列车运行至 D13G。

③ 车辆段办理非进路调车：a. 车辆段模拟系统选择菜单栏【其他模拟】—【非进路调车】，使【非进路调车】菜单项处于选中状态，此时【非进路调车】状态灯按钮显示灰色；b. 按压【功能按钮】功能按钮，使之处于按下状态；c. 点击站场图【非进路调车】状态灯按钮，开始办理非进路调车；d. 办理完成之后，试车线上所有道岔转动至规定位置，试车线所有道岔区段锁闭，试车线上所有信号机开放。

④ 试车作业：列车模拟系统设置列车运行方向为上行，并启动列车在试车线上运行。运行至试车线尽头处，切换运行方向来回在试车线上运行。列车试车过程中，锁闭的区段不解锁，进入信号机内方，信号机不关闭。

⑤ 试车结束，取消非进路调车：a. 车辆段模拟系统选择菜单栏【其他模拟】—【非进路调车】，使【非进路调车】菜单项取消选中状态；b. 按压【功能按钮】功能按钮，使之处于按下状态；c. 点击站场图【非进路调车】状态灯按钮，开始取消非进路调车；d. 执行完成之后，站场图【非进路调车】状态灯按钮消失，试车线上所有信号机关闭，试车线上所有道岔区段解锁、道岔解锁。

四、实验报告要求

（1）认真完成实验报告，报告要用实验报告纸，书写工整，按时上交。

（2）将实验过程中的调车作业计划写在报告内。

五、实验注意事项

（1）未经允许不能携带存储盘进入实验室。

（2）严格按照实验步骤操作计算机，不准进入计算机其他系统。

（3）不准修改、删除计算机内所有文件。

（4）爱护实验室设备。

六、思考题

（1）人工取消进路在什么情况下使用？对哪些进路有效？

（2）在哪些情况下需要办理破铅封？

（3）引导进路在什么情况下使用？总结引导进路的信号机关闭时机以及引导进路解锁方式。

（4）引导总锁在什么情况下使用？此时，引导信号的开放条件与引导进路时的引导信号开放条件是否一样？

实验十一 城市轨道交通 ATC 运行图编制实验

一、实验目的

（1）了解 ATS 运行图编制的基本方法。
（2）了解列车运行图与列车时刻表之间的关系。
（3）掌握运行图长、短交路编制的基本要求。
（4）掌握列车正线按图行车的基本方法。

二、实验设备

ATC 仿真系统　　60 套

三、实验步骤

1. 系统登录

系统登录主界面如图 11-1 所示。

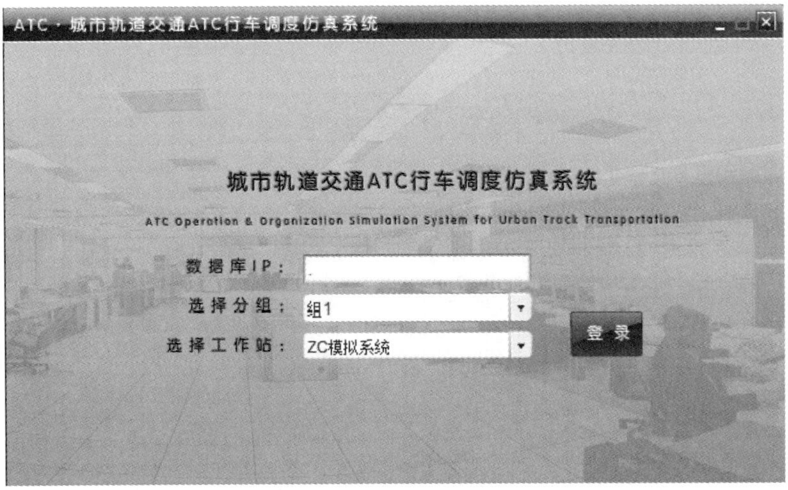

图 11-1　系统登录主界面

IP：172.30.15.1。
选择分组：根据指导教师安排，选择自己的分组。
选择工作站：小组内依次登录 ZC、ATS、列车。

2. 熟悉 ATS 时刻表界面

时刻表菜单位于“时刻表与 VR 控制窗口”的菜单栏，包含以下 5 个子菜单：时刻表控制、时刻表数据、变更时刻表、编辑列车时刻表和打印，如图 11-2 所示。

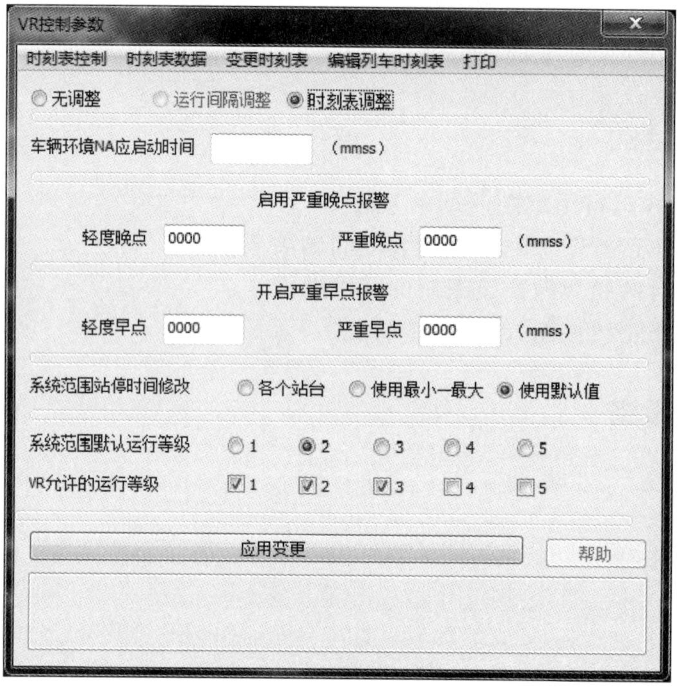

图 11-2 时刻表窗口

（1）可用时刻表（见图 11-3）。

图 11-3 选择时刻表

① 选择菜单栏【时刻表控制】—【可用时刻表】，弹出“可用时刻表”对话框。

② 时刻表名称列表中按照当前分组列出数据库中基础时刻表、其他所有可用的时刻表名称、状态（激活、未激活、打开）。

③ 通过【文件】菜单，可进行新建、打开、保存、另存为、删除、关闭等操作。

（2）激活。

当所有时刻表处于“未激活”状态，菜单栏的【激活】子菜单被设置为有效状态，否则被设置为无效状态。

在列表中选择需要激活的时刻表，选择菜单栏【文件】—【激活】，激活所选择的时刻表：

① 将数据库中该时刻表的数据读取至内存中。

② 所选择的时刻表状态设置为“激活”。

③ 时刻表名称列表中更新时刻表状态为“激活”。

时刻表激活后，该时刻表被选择为计划时刻表。

（3）下线。

当列表中被选择的时刻表处于“激活”状态时，菜单栏的【下线】子菜单被设置为有效状态，否则被设置为无效状态。

选择菜单栏【文件】—【下线】，关闭激活的时刻表：

① 如果当前有计划列车根据该时刻表运行，则弹出消息框，提示“当前有根据该时刻表运行的计划列车，继续该操作可能会导致计划列车不能正常运行，是否继续该操作？”，选择“是”，则执行下一步；选择“否”，则退出下线过程。

② 将内存中的时刻表数据删除。

③ 时刻表状态设置为“未激活”。

④ 时刻表名称列表中更新时刻表状态为“未激活”。

（4）新建。

当无时刻表处于激活或打开状态时，菜单栏的【新建】子菜单被设置为有效状态，否则被设置为无效状态。

选择菜单栏【文件】—【新建】，弹出如图 11-4 所示的“新建时刻表”窗口。

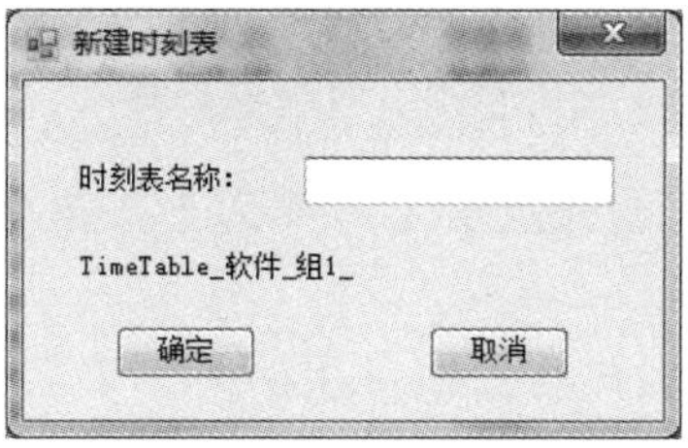

图 11-4　新建时刻表

在时刻表名称文本框中输入时刻表名称，点击【确定】按钮后，新建时刻表：系统在内存中新建一个时刻表数据结构，并将状态设置为“打开”。

时刻表打开后，可对时刻表进行编辑操作，具体操作见编辑列车时刻表。

（5）打开。

当所有时刻表处于“未激活”状态，菜单栏的【打开】子菜单被设置为有效状态，否则被设置为无效状态。

在列表中选择需要打开的时刻表，选择菜单栏【文件】—【打开】，打开所选择的时刻表：

① 将数据库中该时刻表的数据读取至内存中。

② 所选择的时刻表状态设置为“打开”。

③ 时刻表名称列表中更新时刻表状态为“打开”。

时刻表打开后，可对时刻表进行编辑操作，具体操作见编辑列车时刻表。

（6）保存。

当列表中被选择的时刻表为用户表，且处于“打开”状态且被编辑过，菜单栏的【保存】子菜单被设置为有效状态，否则被设置为无效状态。

选择菜单栏【文件】—【保存】，保存被打开的时刻表：

① 如果数据库中不存在该时刻表，则新建该时刻表。

② 将数据写入数据库中的该时刻表。

③ 清除该时刻表的编辑状态。

（7）另存为。

当列表中被选择的时刻表处于打开状态且被编辑过，菜单栏的【另存为】子菜单被设置为有效状态，否则被设置为无效状态。

选择菜单栏【文件】—【另保存】，弹出如图 11-5 所示的【另存为】窗口。

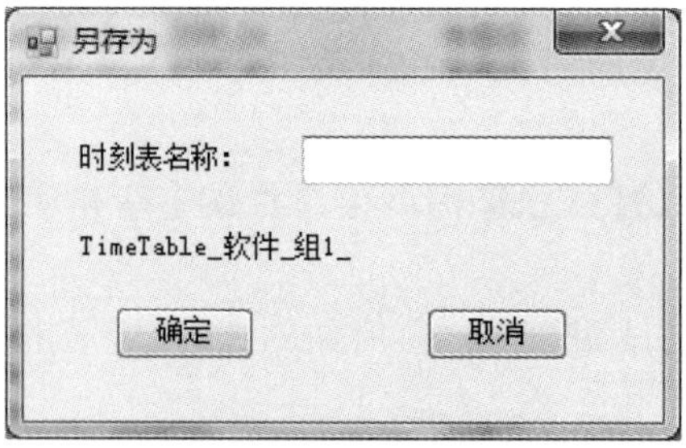

图 11-5　时刻表另存

输入另存为的时刻表名称，并点击【另存为】按钮后，将打开的时刻表另存为指定的时刻表名称。

① 如果另存为的时刻表名称与当前可用的时刻表名称重复，则提示重新输入时刻表名称，如果不重复，则执行下一步。

② 清除原来编辑时刻表的编辑状态。

③ 在内存中，根据原来编辑的时刻表新建另存为的时刻表。

④ 关闭原来编辑的时刻表。

⑤ 保存新建的时刻表。

（8）删除。

当列表中被选择的时刻表处于未激活状态且不为基础表时，菜单栏的【删除】子菜单被设置为有效状态，否则被设置为无效状态。

选择菜单栏【文件】—【删除】，删除所选中的时刻表：

① 如果时刻表处于打开状态，则将内存中的时刻表数据删除；

② 从数据库中删除所选择的时刻表。

（9）关闭。

当列表中被选择的时刻表处于“打开”状态时，菜单栏的【关闭】子菜单被设置为有效状态，否则被设置为无效状态。

选择菜单栏【文件】—【关闭】，关闭打开的时刻表：

① 如果该时刻表已经被编辑过，则弹出消息框提示用户是否保存时刻表。

② 将内存中的时刻表数据删除。

③ 时刻表状态设置为“未激活”。

（10）选择时刻表（见图 11-6）。

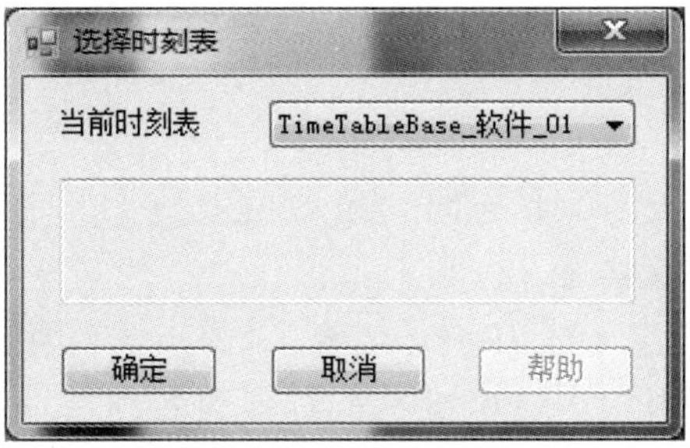

图 11-6　时刻表选择

① 说明。

若要在线路上添加计划列车运行，必须先激活时刻表。

② 操作。

a. 选择菜单【时刻表控制】->【选择时刻表】，弹出对话框。

b. 在下拉列表中选择时刻表，并单击确定按钮，系统选定当前时刻表并激活。

c. 若当前已经有时刻表被打开或激活，重复执行此操作会提示操作失败的信息。

（11）列车运行图。

① 说明。

查看列车计划运行图和实际运行图，其中：白色粗线——小时线；白色细线——分钟线；蓝色线——计划运行线；红色线——实际运行线。

② 操作。

选择菜单【时刻表数据】—【列车运行图】。

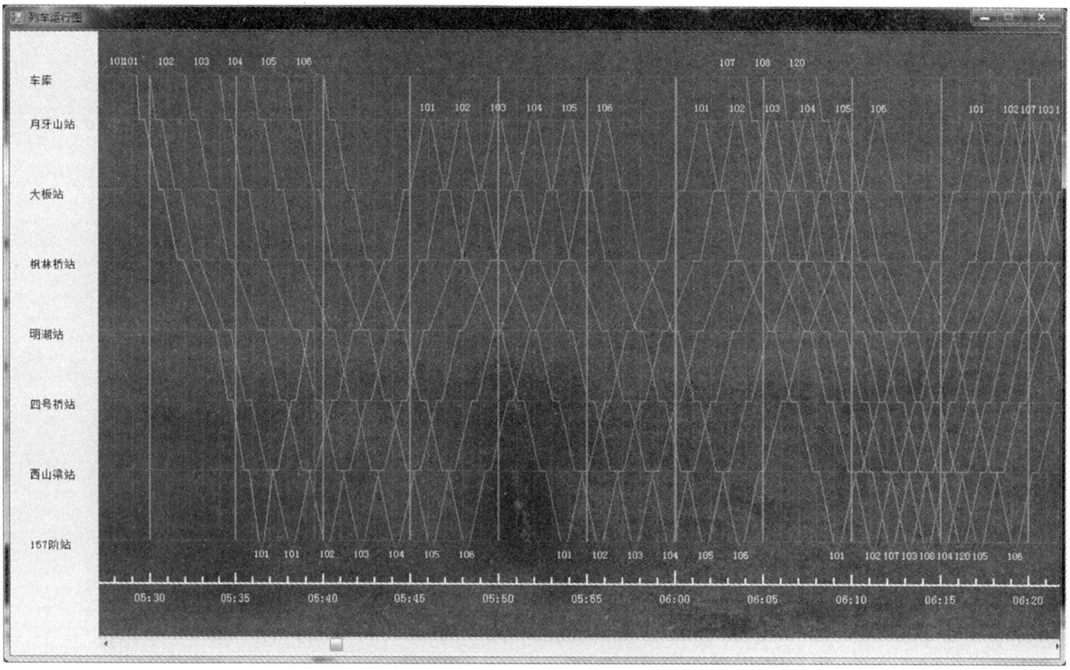

图 11-7　列车运行图

（12）打印。

当有时刻表处于打开或激活状态时，菜单栏中的【打印时刻表】子菜单被设置为有效状态，否则设置为无效状态。

① 选择菜单栏【打印】—【打印时刻表】，弹出【打印时刻表设置】窗口，对打开或关闭的时刻表进行打印。窗口中显示：时刻表名称、编图人员（开始实验时设置编图人员）姓名。

② 选择打印“计划列车”或“非计划列车”并确定，开始执行打印。当有时刻表处于打开或激活状态时，菜单栏中的【打印运行图】子菜单被设置为有效状态，否则设置为无效状态。

③ 选择菜单栏【打印】—【打印运行图】，弹出如图 11-8 所示的打印窗口。

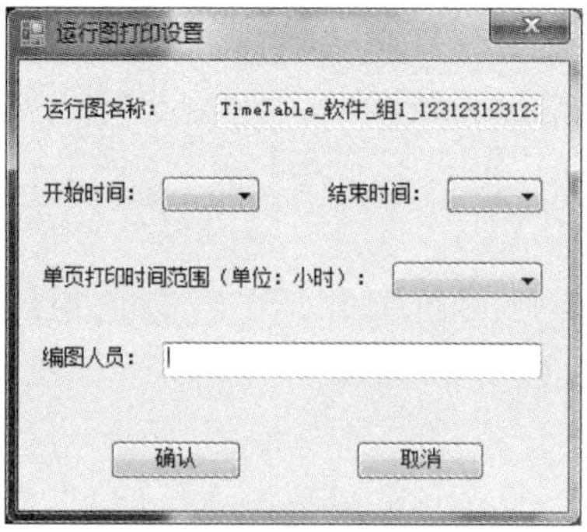

图 11-8　运行图打印

④ 完成运行图打印设置后，点击确定，对打开或激活的时刻表进行打印。

3. 编制列车运行图并打印

（1）编制时间。

06:30，轨道车从转换轨出发，运行长交路确保线路安全，然后投入载客商业运营。

（2）时间段。

07:30—9:00 为早高峰，要求有 5 个列车运营；其余时间段有 4 个长交路列车，早高峰时间段增加 1 个短交路列车，早高峰结束后短交路列车回库。编制 06:30—11:00 的列车运行图，并打印出高峰小时的运行图。

（3）编制说明。

① 增加的列车号从 101 开始，先增加从转换轨到正线的单程交路，后续增加折返交路。

② 时间的格式是 HHMMSS，如 063000 表示 06 点 30 分 00 秒。

③ 列车运行图修改：点击某列车的某交路，修改具体车站的到发时间，通过修改车站的到发时间来调整运行图。

④ 在调整列车折返时间或者短交路列车与长交路列车有冲突时，查看具体冲突车站，看车站是否满足各种作业要求。

⑤ 运行图要求尽量均衡，故在铺画图时，要先规划好间隔时间，不能只顾画交路而不管冲突，最后再调整，这样会导致后面无法调整。所以要先规划、再铺画、一边铺画一边调整，这样才能使运行图间隔时间均衡。

4. 列车正线运营

（1）启动城市轨道交通 ATC 行车调度仿真培训系统软件，依次登录 ZC 模拟系统、列车模拟系统、ATS 模拟系统。

（2）正线月牙山站 1 创建 01 号列车：在 ZC 模拟系统中，在月牙山站 1（月牙山站下行站台）创建 01 号列车。

（3）01 号列车初始化：在列车模拟系统中，设置 01 号车运行方向为下行，转动钥匙图标上电，将“牵引制动手柄”拉至“制动”位，然后再拉到“0”位，缓解紧急制动。

（4）01 号车设置 ATO 驾驶模式：在列车模拟系统中，将“信号模式开关 1”打到“ATO”位，建立 ATO 驾驶模式，TOD 上的驾驶模式显示为 ATO。

（5）更改系统时间，与运行线时间相一致。

（6）01 号车设置：在 ATS 模拟系统中，右键单击 TID，选择菜单【追踪号】—【运行线】，在列表中选相应的运行线分配给 01 号列车，单击“确定”按钮。

（7）观察 01 号列车的运行情况以及运行图相应的运行线变化情况。

四、实验报告要求

（1）认真完成实验报告，报告要用实验报告纸，书写工整，按时上交。

（2）将运行图打印后附在报告内，并对自己的运行图进行分析。

五、实验注意事项

（1）未经允许不能携带存储盘进入实验室。
（2）严格按照实验步骤操作计算机，不准进入计算机其他系统。
（3）不准修改、删除计算机内所有文件。
（4）爱护实验室设备。

六、思考题

1. 短交路的选择条件是什么？
2. 运行图与时刻表之间的关系如何？

实验十二　城市轨道交通站台扣车及列车跳停实验

一、实验目的

（1）了解站台紧急停车对于列车运行的影响。
（2）了解站台紧急停车与联锁系统之间的关系及对于列车运行的影响。
（3）掌握出现站台紧急停车时的行车处置方法。
（4）掌握列车扣车操作和解除扣车操作。
（5）掌握站台跳停操作。

二、实验设备

ATC 仿真系统　　60 套

三、实验步骤

1. 系统登录

系统登录主界面如图 12-1 所示。

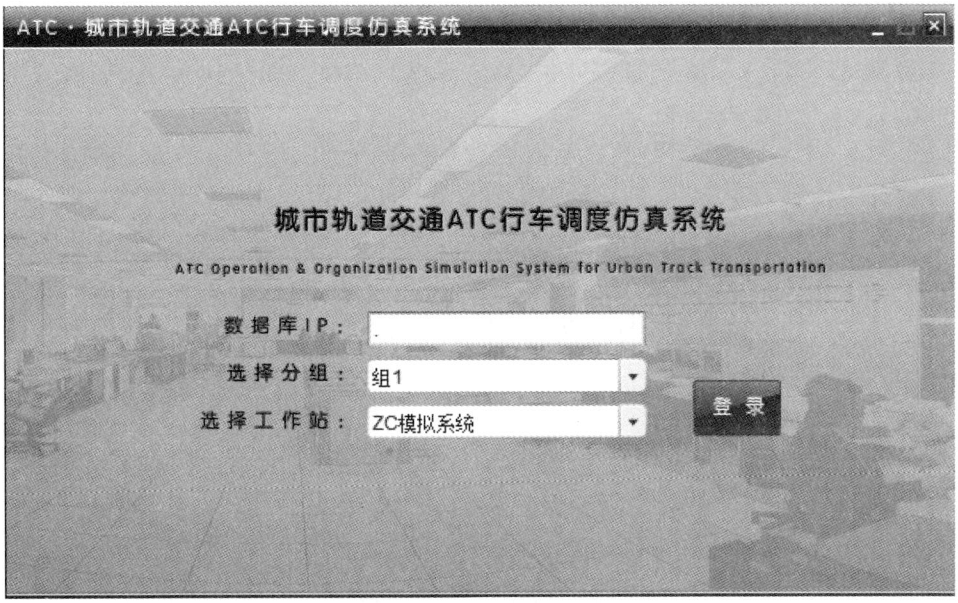

图 12-1　系统登录主界面

IP：172.30.15.1。

选择分组：根据指导教师安排，选择自己的分组。

选择工作站：小组内依次登录 ZC、ATS、列车。

2. 站台紧急停车处置实验

（1）创建列车：登录 ATS 模拟系统，在月牙山站 1 创建 01 号列车。

（2）列车初始化：在列车模拟系统中，对 01 号列车初始化。

① 设置运行方向为下行，上电，缓解紧急制动，设为 ATO 驾驶模式。

② 设置目的地 ID：ATS 模拟系统中，设置 01 号列车的 DID 为 01。

③ 设置站台紧急按钮故障：ZC 模拟系统中，设置大板站 1 的站台紧急按钮故障。

紧急停车按钮故障相关处置：紧急关闭按钮被按下后，该车站应立即向行车调度汇报现场情况；行车调度根据车站汇报情况确认安全后，发布邻近区段列车行车作业方式的调度命令；列车司机根据调度命令执行行车作业；行车调度根据车站汇报情况发布紧急关闭按钮恢复的调度命令；车站恢复站台紧急关闭按钮后，行车调度发布恢复正常运营的调度命令。

（3）列车运行：在列车模拟系统中，选中 01 号车，按压“ATO 发车”按钮持续 2 s 以上松开，01 号列车从月牙山站 1 向大板站 1 运行。列车运行到大板站 1 站台入口处停车。

（4）调令发送与确认：调度员确认列车可通过站台区域后，通过 ATS 模拟系统向列车模拟系统发送“列车以 RM 模式运行”调令，通知列车司机以 RM 模式人工驾驶列车运行。接收到调令后，在列车模拟模拟系统中，通过单击“调令确认”按钮打开“调令确认”对话框对该调令进行确认。

（5）列车切换驾驶模式继续运行：在列车模拟系统中，选中 01 号车，将信号模式开关 1 转换到“RM”位，驾驶模式由 ATO 切换到 RM，将牵引制动手柄由“惰行”推到“牵引”，列车继续运行。

（6）列车停站：列车运行到停站点后进入停站过程。停站结束后，将牵引制动手柄由“惰行”推到“牵引”，列车继续运行。

（7）列车停车：当列车出清站台区域后，将牵引制动手柄由“牵引”拉到“制动”位。

（8）设置站台紧急按钮故障：在 ZC 模拟系统中，设置枫林桥站 1 的站台紧急按钮故障。

（9）列车运行：将牵引制动手柄由“制动”推到“牵引”，列车继续运行。列车运行到枫林桥站停站后，进路无法排列，列车无法出站。

（10）调令发送与确认：调度员确认列车可离开站台区域后，通过 ATS 模拟系统向列车模拟系统发送“列车以 RM 模式运行”调令，通知列车司机以 RM 模式人工驾驶列车运行。接收到调令后，在列车模拟系统中，通过单击“调令确认”按钮打开“调令确认”对话框，对该调令进行确认。

① 调令发送。

当前操作工作站仅为中央控制中心，ATS 的【调令发送】操作才有效。选择菜单【调令】—【调令发送】，弹出【发送调令】对话框，如图 12-2 所示。

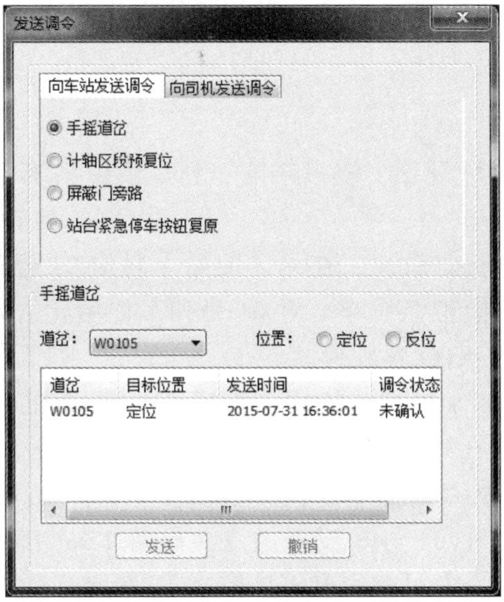

图 12-2 调令发送对话框

a. 若向车站发送调令，切换到向车站发送调令界面。若向司机发送调令，切换到向司机发送调令界面，选择调令类型。选择【发送调令】，点击【发送】发送调令。

b. 若撤销调令，直接在列表中选择调令状态为“未确认”的调令，选中【撤销调令】，点击【执行】，撤销调令。

c. 点击【取消】或【X】，退出【发送调令】界面。

② 调令接收。

当前操作工作站仅为集中站（列车模拟系统上也有该操作）。选择菜单【调令】—【调令接收】，弹出【接收调令】对话框，如图 12-3 所示。

图 12-3 调令接收对话框

a. 在调令接收列表里选中一条调令，若调令状态为“未确认”，则可点击【确认】进行确认调令。

b. 点击【取消】或【X】，退出〖调令发送〗界面。

（11）列车运行：在列车模拟系统，将牵引制动手柄由“制动”推到“牵引”，列车继续运行。

3. 列车跳停实验

（1）系统启动：依次登录 ZC 模拟系统、列车模拟系统、ATS 模拟系统、大板站 ATS 工作站。

创建列车：登录 ZC 模拟系统，在月牙山站 1 创建 01 号列车。

列车初始化：在列车模拟系统中，对 01 号列车初始化。设置运行方向为下行，上电，缓解紧急制动，设为 ATO 驾驶模式。

设置目的地 ID：在 ATS 模拟系统中，设置 01 号列车的 DID 为 01。

（2）列车启动运行：在列车模拟系统中，选中 01 号车，按压“ATO 发车”按钮持续 2 s 以上松开，列车从月牙山站 1 向大板站 1 运行。

（3）施加列车扣车：在 01 号车没有进入大板站 1 站台停车前，在 ATS 模拟系统中，选择菜单【时刻表】—【时刻表和 VR 控制】，在弹出的对话框中选择菜单【时刻表数据】—【运行数据】，然后在性能数据对话框中选择菜单【列车】—【扣车】，对 01 号车施加列车扣车。01 号列车进入大板站 1 站台停车，停站时间结束后，01 号车的移动授权 MAL 由于扣车无法延伸出站。

（4）01 号列车解除扣车：在性能数据对话框中选择菜单【列车】—【释放】，对 01 号车解除列车扣车。

（5）列车继续运行：在列车模拟系统中，选中 01 号车，按压“ATO 发车”按钮持续 2 s 以上松开，列车从大板站 1 向前运行。

（6）施加列车扣车：在 01 号车进入枫林桥站 1 站台停站过程中（停站结束前 5 s），在 ATS 模拟系统中，对 01 号列车施加扣车。01 号列车在停站时间结束后，01 号车的移动授权 MAL 由于扣车无法延伸出站。

（7）解除列车扣车：在性能数据对话框中选择菜单【列车】—【释放】，对 01 号车解除列车扣车。01 号列车的移动授权 MAL 延伸出站至下一站明湖站 1。

（8）列车继续运行：在列车模拟系统中，选中 01 号车，按压“ATO 发车”按钮持续 2 s 以上松开，列车从枫林桥站 1 向前运行。

跳停相关要求：列车跳停必须由行车调度发布口头调度命令；司机根据调度命令执行车站跳停作业，手动驾驶模式限速运行；接到跳停的调度命令后，司机、车站必须立即告知乘客，车站必须做好站台秩序维护工作；图定首末班载客列车，不得办理跳停作业。

（9）站台跳停：01 号列车在向明湖站 1 运行的过程中，在 ATS 模拟系统中，左键单击站台图标，弹出站台概要表，单击“设置/取消所有车跳停”，并点击堆栈请求窗口发送请求按钮，对明湖站 1 设置站台跳停。则列车在进入到明湖站 1 后，不会停站，移动授权 MAL 延伸出站，列车直接经过明湖站 1 的站台区段，向四号桥站 1 运行。

4. 站台扣车

（1）创建列车：登录 ZC 模拟系统，在月牙山站 1 创建 01 号列车。

列车初始化：在列车模拟系统中，对 01 号列车初始化。

① 设置运行方向为下行，上电，缓解紧急制动，设为 ATO 驾驶模式。

② 设置目的地 ID：在 ATS 模拟系统中，设置 01 号列车的 DID 为 01。

（2）列车启动运行：在列车模拟系统中，选中 01 号车，按压“ATO 发车”按钮持续 2 s 以上松开，列车从月牙山站 1 向大板站 1 运行。

（3）施加列车扣车：在 01 号车没有进入大板站 1 站台停车前，在 ATS 模拟系统中，选择菜单【时刻表】—【时刻表和 VR 控制】，在弹出的对话框中选择菜单【时刻表数据】—【运行数据】，然后在性能数据对话框中选择菜单【列车】—【扣车】，对 01 号车施加列车扣车。01 号列车进入大板站 1 站台停车，停站时间结束后，01 号车的移动授权 MAL 由于扣车无法延伸出站。

（4）01 号列车解除扣车：在性能数据对话框中，选择菜单【列车】—【释放】，对 01 号车解除列车扣车。

（5）列车继续运行：在列车模拟系统中，选中 01 号车，按压“ATO 发车”按钮持续 2 s 以上松开，列车从大板站 1 向前运行。

（6）施加列车扣车：在 01 号车进入枫林桥站 1 站台停站过程中（停站结束前 5 s），在 ATS 模拟系统中，对 01 号列车施加扣车。01 号列车在停站时间结束后，01 号车的移动授权 MAL 由于扣车无法延伸出站。

（7）解除列车扣车：在性能数据对话框中，选择菜单【列车】—【释放】，对 01 号车解除列车扣车。01 号列车的移动授权 MAL 延伸出站至下一站明湖站 1。

（8）列车继续运行：在列车模拟系统中，选中 01 号车，按压“ATO 发车”按钮持续 2 s 以上松开，列车从枫林桥站 1 向前运行。

5. 列车晚点调整实验

（1）创建列车：登录 ATS 模拟系统，在月牙山站 3 创建 01 号列车。

列车初始化：在列车模拟系统中，对 01 号列车初始化。

① 设置运行方向为下行，上电，缓解紧急制动。

② 设置驾驶模式为 ATO 模式，01 号列车的运行模式为“自动”。

（2）激活时刻表：在 ATS 模拟系统中，选择菜单【时刻表】—【时刻表和 VR 控制】，弹出 VR 控制参数对话框，选择菜单【时刻表控制】—【选择时刻表】，弹出选择时刻表对话框，在下拉列表中选择“TimeTableBase_软件_01”，单击【确定】使之激活，生成当天计划。

设置仿真时间：在 ZC 模拟系统中，将仿真时间设置为“05:29:50”（月牙山站 3 的计划发车时间）。

（3）自动获取列车 ID：ATS 模拟系统根据当前时间自动在转换轨上放置当天的计划 TID，列车在月牙山站 3 上自动获取 TID，并根据 TID 匹配 DID。

（4）设置晚点：在 ZC 模拟系统中，将仿真时间设为 05:35:50（晚点 5 min）。

（5）列车运行：在列车模拟系统中，选中 01 号车，按压“ATO 发车”按钮持续 2 s 以上松开，01 号列车从月牙山站 3 向月牙山站 1 运行。

（6）运行调整：在 ATS 模拟系统中，可以通过减少停站时间（调整停站时间操作）和减少区间运行时分（调整列车的运行等级操作）、跳停（站台跳停）等方式来使列车的实际图与计划图慢慢吻合。

（7）查看运行图：在 VR 控制参数对话框的菜单中，选择菜单【时刻表数据】—【列车运行图】，可以查看列车的运行图。

（8）打印时刻表：在 101 次列车在计划和实际之间的偏差小于 5 s 后，即可停止调整，通过打印功能，打印出电子版的表格形式和图形格式的混合运行图。

（9）标注：在混合运行图上标注出设置晚点的点，以及统计调整完成后的总共用时。

四、实验报告要求

认真完成实验报告，报告要用实验报告纸，书写工整，按时上交。

五、实验注意事项

（1）未经允许不能携带存储盘进入实验室。

（2）严格按照实验步骤操作计算机，不准进入计算机其他系统。

（3）不准修改、删除计算机内所有文件。

（4）爱护实验室设备。

六、思考题

（1）站台紧急停车按钮与信号系统之间有什么联锁关系？

（2）在站台紧急停车按钮故障解除后，应如何恢复才能使受影响列车恢复正常运营？

（3）站台紧急停车按钮按下后，对于进站列车和出站列车有什么影响？

（4）站台紧急停车按钮一般用于什么情况？可以由谁施加和复原？

（5）列车扣车一般用于什么情况？对于列车运行有什么影响？

（6）列车扣车与联锁系统的关系如何？

实验十三　城市轨道交通车站及轨旁设备故障行车实验

一、实验目的

（1）了解屏蔽门无法关闭故障对于列车运行的影响。
（2）掌握出现屏蔽门无法关闭故障时的行车处置方法。
（3）了解道岔失表故障对于列车运行的影响。
（4）掌握出现道岔失表故障时的行车处置方法。
（5）了解计轴受扰故障对于列车运行的影响。
（6）掌握出现计轴受扰故障时的行车处置方法。
（7）了解信号机灯丝断丝故障对于列车运行的影响。
（8）掌握出现信号机灯丝断丝故障时的行车处置方法。

二、实验设备

ATC 仿真系统　　60 套

三、实验步骤

1. 系统登录

系统登录主界面如图 13-1 所示。
IP：172.30.15.1。
选择分组：根据指导教师安排，选择自己的分组。
选择工作站：小组内依次登录 ZC、ATS、列车。

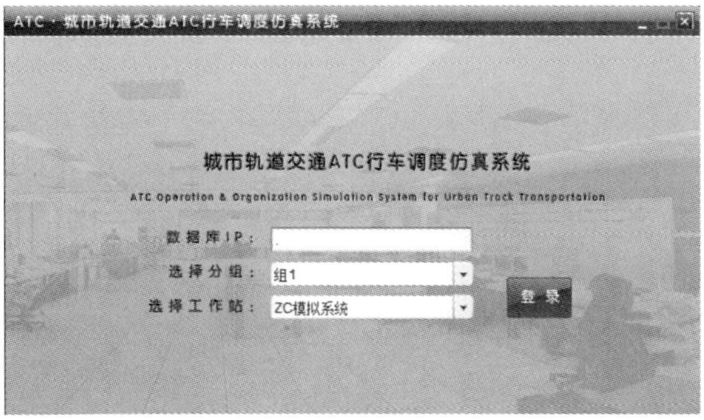

图 13-1　系统登录主界面

2. 正线站台屏蔽门故障行车

表 13-1 单个/多对屏蔽门不能开门故障处理流程

故障现象	处理程序	责任人
单个或多对门不能开门	1. 发现故障或接到故障的通知后，立即安排人员前往协助处理故障屏蔽门，并做好乘客引导工作。 2. 报告行调："××站××站台××对屏蔽门不能开启"，并通知后方站转告司机。 3. 报告环调安排检修人员进行故障处理。 4. 发现两对及以下屏蔽门不能正常开启，报告司机，并引导乘客从其他开启的屏蔽门下车，同时旁路该故障门单元（旁路每对门所需操作时间约为 5 s）。确认乘客上下完毕及站台安全后向司机显示"好了"信号。待列车离开站台后，在故障门单元（保持关闭状态）上张贴"此门故障，暂停使用"告示，加强监控。 5. 发现 3 对及以上屏蔽门不能开启，报告司机，立即前往故障的屏蔽门单元处采用开门钥匙人工操作开启屏蔽门（操作一道门所需时间约为 10 s），如为相邻的屏蔽门则不能连续关闭两对，并根据站台客流情况，保证每节车厢对应的屏蔽门必须有两对及以上屏蔽门在开启状态（通过将 LCB 模式开关打至"隔离"位使开启的故障门保持常开状态）。同时旁路所有故障门单元。 6. 若故障门未能及时恢复或旁路，车站办理故障侧线路的"维修模式"，通知司机动车。动车前，站务人员确认乘客上下完毕、站台安全后，向司机显示"好了"信号。后续列车以正常模式进出车站（如有需要，可要求后续列车限速进出车站）。 7. 列车离开站台后，在已关闭的故障门单元上张贴"此门故障，暂停使用"告示，加强监控。 8. 维修人员到达现场后，根据车站的客流情况，安排维修人员进行抢修。抢修时负责安全监控，在下趟列车到达前 1 min，通知维修人员停止抢修。 9. 故障屏蔽门单元恢复正常后，撤除屏蔽门故障告示。 10. 抢修完毕，取消故障侧线路的"维修模式"，同时向行调、环调汇报，并通知后方站本站屏蔽门恢复正常	车站人员
	1. 发现两对及以下屏蔽门不能正常开启时，马上进行客室广播"本站有屏蔽门故障，请乘客从其他开启的屏蔽门下车"。同时通知车站人员，报告行调。 2. 发现 3 对及以上屏蔽门不能开启时，使用客室广播通知乘客手动操作打开故障的屏蔽门或利用正常开启的屏蔽门下车。同时通知车站人员，报告行调。 3. 乘客上下完毕，司机凭车站"好了"信号以正常模式动车。 4. 动车前注意确认车门与屏蔽门之间的空隙安全。 5. 如有要求，后续列车限速进出车站	司机
	通知全线司机"××站××站台××对屏蔽门不能开启"，进入该车站加强瞭望，注意安全	行调

表 13-2　单个/多对屏蔽门不能关闭故障处理流程

故障现象	处理程序	责任人
单个或多个门不能关门	1. 发现故障或接到故障的通知后，立即安排人员前往协助处理故障屏蔽门，并做好乘客引导工作。 2. 报告行调："××站××站台××对屏蔽门不能关闭"，并通知后方站转告司机。 3. 报告环调安排检修人员进行故障处理。 4. 发现两对及以下屏蔽门不能正常关闭，报告司机，确认是否有阻碍物，如有则清除后手动关闭屏蔽门。如屏蔽门还不能正常关闭则立即旁路该故障门单元（旁路每对门所需操作时间约为 5 s），确认乘客上下完毕，确认所有车门关闭、站台安全后，向司机显示"好了"信号。 5. 发现 3 对及以上屏蔽门不能正常关闭，若故障门未能及时恢复或旁路，车站办理本侧线路的"维修模式"，通知司机动车。动车前，站务人员确认乘客上下完毕、站台安全后，向司机显示"好了"信号。后续列车以正常模式进出车站（如有需要，可要求后续列车限速进出车站）。 6. 待列车离开站台后，采取人工方式关闭故障门单元（如为相邻的屏蔽门则不能连续关闭两对，并根据站台客流情况，保证每节车厢对应的屏蔽门必须有两对门及以上在开启状态）。在关闭的故障门单元张贴"此门故障，暂停使用"告示，加强对站台的监控，防止在没有客车停站时乘客进入开启的屏蔽门而掉下轨行区。 7. 维修人员到达现场后，根据车站的客流情况，安排维修人员进行抢修。抢修时负责安全监控，在下趟列车到达前 1 min，通知维修人员停止抢修。 8. 故障屏蔽门单元恢复正常后，撤除屏蔽门故障告示。 9. 抢修完毕，取消故障侧线路的"维修模式"，同时向行调、维调汇报，并通知后方站本站屏蔽门恢复正常	车站人员
	1. 发现单个或多对屏蔽门不能关闭时，立即通知车站派员前往协助，并报告行调。 2. 司机凭车站"好了"信号以正常模式驾驶列车出站。 3. 动车前注意确认车门与屏蔽门之间的空隙安全。 4. 如有要求，后续列车限速进出车站	司机
	通知全线司机"××站××站台××对屏蔽门不能关闭"，进入该车站加强瞭望，注意安全	行调

表 13-3　某侧站台所有屏蔽门不能开门故障处理流程

<table>
<tr><th>故障现象</th><th>处理程序</th><th>责任人</th></tr>
<tr><td rowspan="3">所有屏蔽门不能开门</td><td>1. 接到司机要求办理“维修模式”的通知后，办理故障侧线路的“维修模式”，并通知司机。
2. 如接到司机在 PSL 操作开门失败的通知后，报告行调：“××站××站台所有屏蔽门不能开启”，经行调同意在 IBP 盘上操作尝试开屏蔽门。
3. 若屏蔽门仍不能开启，则立即派人前往站台协助处理故障屏蔽门，加强对站台的监控及广播引导乘客候车。
4. 通知环调，环调通知检修人员处理，如不能处理好，通知维调组织抢修。
5. 在站台侧利用钥匙人工开启屏蔽门（操作一道门所需时间约为 10 s），保证每节车厢对应的屏蔽门有两对或两对以上常开（确保没有相邻的屏蔽门关闭），并做好站台安全防护。
6. 若故障门未能及时恢复或旁路，通知司机动车。动车前，站务人员确认乘客上下完毕、站台安全后，向司机显示“好了”信号。后续列车以正常模式进出车站（如有需要，可要求后续列车限速进出车站）。
7. 待列车离开站台后，采取人工方式关闭故障门单元（如为相邻的屏蔽门则不能连续关闭两对，并根据站台客流情况，保证每节车厢对应的屏蔽门必须有两对门及以上在开启状态，通过将 LCB 模式开关打至“隔离”位使开启的故障门保持常开状态），并在关闭的屏蔽门上张贴“此门故障，暂停使用”告示，加强站台监控。
8. 维修人员到达现场后，根据车站的客流情况，安排维修人员进行抢修。抢修时负责安全监控，在下趟列车到达前 1 min，通知维修人员停止抢修。
9. 故障屏蔽门单元恢复正常后，撤除屏蔽门故障告示。
10. 抢修完毕，取消故障侧线路的“维修模式”，同时向行调、维调汇报，并通知后方站本站屏蔽门恢复正常</td><td>车站人员</td></tr>
<tr><td>1. 发现所有屏蔽门不能开门时：
1.1　如车载联动控制盒状态指示灯亮，则将车载联动控制盒模式选择开关打到旁路，手动操作 PSL 开门；
1.2　如车载联动控制盒状态指示灯不亮，通知车站办理故障侧线路的“维修模式”，接到车站已办理“维修模式”的通知后，再将车载联动控制盒模式选择开关打到旁路，手动操作 PSL 开门。
2. 若仍不能开门则立即通知车站协助处理。广播通知乘客：“因屏蔽门故障，请乘客按屏蔽门上的指示操作开门把手，自行推开屏蔽门下车”。
3. 乘客上下完毕，手动关闭屏蔽门和车门，将车载联动控制盒模式选择开关恢复到自动位，车载联动控制盒状态指示灯亮（如状态指示灯不亮，将车载联动控制盒模式选择开关恢复到旁路位），司机凭车站“好了”信号并获行调同意后，以正常模式驾驶列车出站。
4. 动车前注意确认车门与屏蔽门之间的空隙安全。
5. 如有要求，后续列车限速进出车站</td><td>司机</td></tr>
<tr><td>通知全线司机“××站××站台所有屏蔽门不能开启”，进入该车站加强瞭望，注意安全</td><td>行调</td></tr>
</table>

表 13-4　某侧站台所有屏蔽门不能关门故障处理流程

故障现象	处理程序	责任人
所有屏蔽门不能关门	1. 接到司机屏蔽门故障需办理“维修模式”的通知后，办理故障侧线路的“维修模式”。 2. 立即派人前往站台协助处理故障屏蔽门，加强对站台的监控及广播引导乘客候车。 3. 报告行调：“××站××站台所有屏蔽门不能关闭”。 4. 通知环调，环调通知检修人员处理，如不能处理好，通知维调组织抢修。 5. 列车客室门关闭时，广播通知站台乘客离开屏蔽门，防止乘客抢上抢下；客室门关闭，确认站台安全后，向司机显示“好了”信号，并密切注意站台乘客的动态，确保乘客安全。 6. 客车离开站台后，加强对站台的监控，防止在没有客车停站时乘客进入开启的屏蔽门而掉下轨行区。 7. 如有需要，可要求后续列车限速进出车站。 8. 维修人员到达现场后，根据车站的客流情况，安排维修人员进行抢修。 9. 故障屏蔽门抢修时负责安全监控，在下趟列车到达前 1 min，通知维修人员停止抢修。 10. 抢修完毕后，取消故障侧线路的“维修模式”，向行调、维调汇报，并通知后方站本站屏蔽门恢复正常	车站人员
	1. 发现所有屏蔽门不能关闭时，如车载联动控制盒状态指示灯亮，则将车载联动控制盒模式选择开关打到旁路，手动操作 PSL 关门；如车载联动控制盒状态指示灯不亮，通知车站办理故障侧线路的“维修模式”，再将车载联动控制盒模式选择开关打到旁路，手动操作 PSL 关门。 2. 若仍不能关门则立即通知车站派人协助处理，报告行调。 3. 乘客上下车完毕，将车载联动控制盒模式选择开关恢复到自动位，车载联动控制盒状态指示灯亮（如状态指示灯不亮，将车载联动控制盒模式选择开关恢复到旁路位），司机凭车站“好了”信号并获行调同意后，以正常模式驾驶列车出站。 4. 动车前注意确认车门与屏蔽门之间的空隙安全。 5. 如有要求，后续列车限速进出车站	**司机**
	1. 通知司机注意掌握好关门动车时机。 2. 通知全线司机“××站××站台所有屏蔽门不能关闭”，进入该车站加强瞭望，注意安全	行调

（1）创建列车：登录 ATS 模拟系统，在月牙山站 1 创建 01 号列车。

列车初始化：在列车模拟系统中，对 01 号列车初始化。

① 设置运行方向为下行，上电，缓解紧急制动，设为 ATO 驾驶模式。

② 设置目的地 ID：在 ATS 模拟系统中，设置 01 号列车的 DID 为 01。

③ 设置屏蔽门故障：在 ZC 模拟系统中，设置大板站 1 的屏蔽门无法关闭故障。

（2）列车运行：在列车模拟系统中，选中 01 号车，按压“ATO 发车”按钮持续 2 s 以上松开，01 号列车从月牙山站 1 向大板站 1 运行。列车运行到月牙山站和大板站分界处停车。

（3）调令发送：在 ATS 模拟系统中，向大板站 ATS 模拟系统下达“屏蔽门旁路”调令。

调令确认：在大板站 ATS 模拟系统中确认“屏蔽门旁路”调令。

（4）旁路屏蔽门：在 ZC 模拟系统中，设置大板站 1 的屏蔽门旁路。大板站 1 的下行站台的屏蔽门旁路后，则 01 号列车的移动授权延伸进入大板站 1 站台区域，允许运行到大板站 1 站台。

（5）列车继续运行：在列车模拟系统中，选中 01 号车，按压“ATO 发车”按钮持续 2 s 以上松开，列车运行进入大板站 1 站台。在大板站 1 站台停站结束后，在列车模拟系统中，按压“ATO 发车”按钮持续 2 s 以上松开，01 号列车继续以 ATO 模式发车向枫林桥站 1 运行。

（6）设置屏蔽门故障：01 号列车到达枫林桥站 1 停站结束后，在 ZC 模拟系统中，设置枫林桥站 1 屏蔽门无法关闭故障。

（7）调令发送：在 ATS 模拟系统中，向大板站 ATS 模拟系统下达“屏蔽门旁路”调令。

调令确认：在大板站 ATS 模拟系统中确认“屏蔽门旁路”调令。

（8）旁路屏蔽门：在 ZC 模拟系统中，旁路枫林桥站 1 的屏蔽门。01 号列车重新获得出站发车允许的移动授权。

（9）列车继续运行：在列车模拟系统中，选中 01 号车，按压“ATO 发车”按钮持续 2 s 以上松开，列车从枫林桥站 1 出发。

（10）切换驾驶模式：将 01 号车的驾驶模式由 ATO 模式切换到 RM 模式，通过“牵引制动手柄”控制列车运行进入明湖站 1。

（11）设置屏蔽门故障：列车在明湖站 1 停车结束后，出站进路建立，出站信号 X0401 开放后，在 ZC 模拟系统中，设置明湖站 1 的屏蔽门无法关闭故障。

（12）调令发送：在 ATS 模拟系统中，向四号桥站 ATS 模拟系统下达“屏蔽门旁路”调令。

调令确认：在四号桥站 ATS 模拟系统中，确认“屏蔽门旁路”调令。

（13）旁路屏蔽门：在 ZC 模拟系统中，将明湖站 1 的站台屏蔽门旁路。

（14）重开出站信号：在 ATS 模拟系统中，人工取消进路 X0401X0502，再人工建立，将 X0401 信号重新开放。

（15）列车出站：在列车模拟系统中，人工驾驶列车出站。

3. 道岔失去表示行车

道岔失去表示行车处置流程如图 13-2 所示。

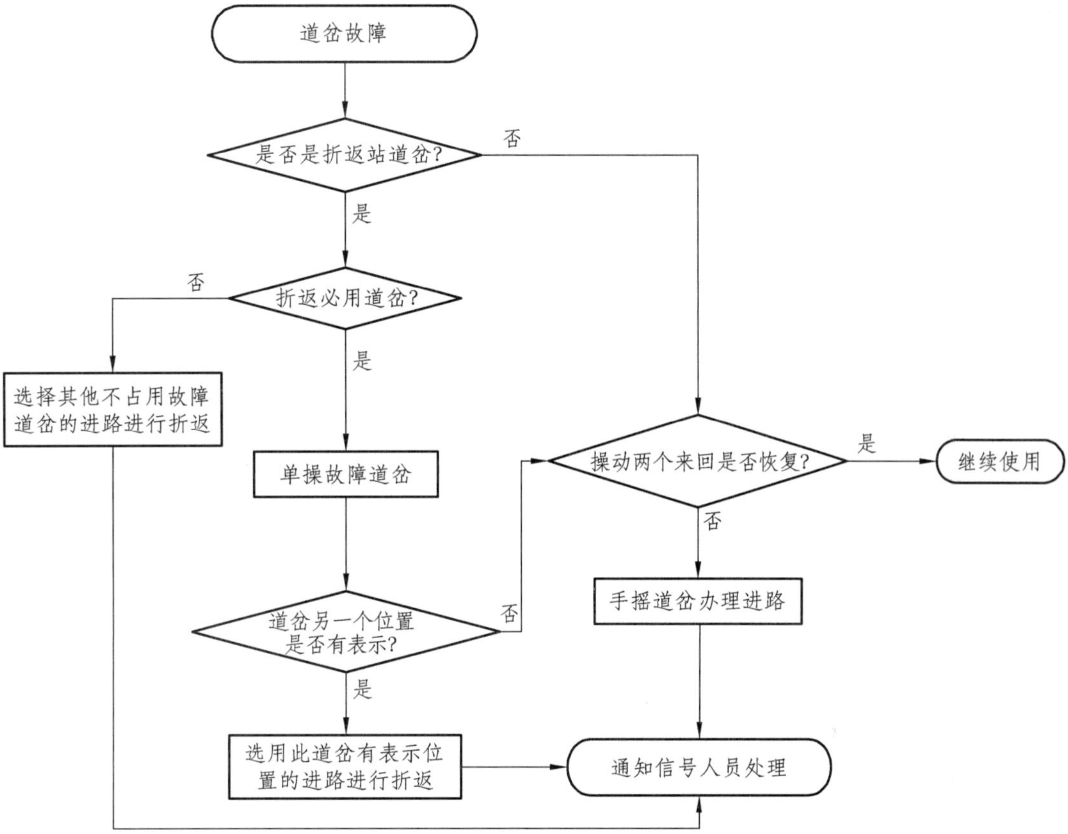

图 13-2　道岔失表行车处置

（1）系统启动：依次登录 ZC 模拟系统、列车模拟系统、ATS 模拟系统、月牙山站 ATS 模拟系统。

（2）设置道岔失表故障：在 ZC 模拟系统中，设置 W0109 道岔失表故障。

（3）创建列车：登录 ATS 模拟系统，在月牙山站 2 创建 01 号列车。

（4）列车初始化：在列车模拟系统中，对 01 号列车初始化：设置运行方向为下行，上电，缓解紧急制动，设为 ATO 驾驶模式。

设置目的地 ID：在 ATS 模拟系统中，设置 01 号列车的 DID 为 01。

（5）列车运行：列车模拟系统中，选中 01 号车，按压“ATO 发车”按钮持续 2 s 以上松开，01 号列车从月牙山站 2 向大板站 1 运行。列车运行到道岔 W0109 前停车。

（6）手摇道岔调令：在 ATS 模拟系统中，根据后续列车运行所需位置，向故障道岔所属车站月牙山站发布“手摇道岔”调令：W0109 道岔手摇到反位，钩锁器锁闭道岔；W0107 道岔手摇到反位，钩锁器锁闭道岔。

（7）手摇道岔：在月牙山站 ATS 模拟系统确认两条调令后，通过选择菜单【操作】—【手摇道岔】，将 W0109 和 W0107 道岔手摇到反位。

（8）发布过岔调令：在 ATS 模拟系统中，向 01 号车发布“列车通过故障道岔”调令作为行车凭证。

（9）列车以 RM 模式过岔：在列车模拟系统中，确认调令。将驾驶模式切换到 RM，将牵引制动手柄由“惰行”推到“牵引”，列车以 RM 模式过岔。

（10）列车继续运行：列车完全出清道岔后，将驾驶模式由 RM 切换到 ATO，按压“ATO 发车”按钮持续 2 s 以上松开，列车起动。操作列车一直运行到明湖站 1 站台停站。

（11）设置道岔失表故障：在 ZC 模拟系统中，设置道岔 W0502 失表故障。

（12）列车运行：在列车模拟系统中，选中 01 号车，01 号列车从明湖站 1 向四号桥站 1 运行。列车运行到道岔 W0502 前停车。

（13）发布过岔调令：在 ATS 模拟系统中，向 01 号车发布“列车通过故障道岔”调令作为行车凭证。（由于 W0502 道岔初始位于定位，所以不需要进行手摇道岔操作）

（14）列车以 RM 模式过岔：在列车模拟系统中，确认调令。将驾驶模式切换到 RM，将牵引制动手柄由“制动”推到“牵引”，列车以 RM 模式过岔。

（15）列车继续运行：列车完全出清道岔后，将牵引制动手柄由“牵引”拉到“惰行”位，使列车停车。

（16）切换驾驶模式：将驾驶模式切换到 ATO，按压“ATO 发车”按钮持续 2 s 以上松开，列车起动。操作列车一直运行到四号桥站 1 站台停站。

（17）设置道岔故障：在 ZC 模拟系统中，设置道岔 W0616 失表故障。

（18）列车运行：在列车模拟系统中，选择“01”号车，待停站时间结束后，按压“ATO 发车”按钮持续 2 s 以上松开，列车起动，运行到信号 X0614 前停车。

（19）恢复道岔故障：在 ZC 模拟系统中，设置道岔 W0616 失表故障恢复。ZC 模拟系统计算 MAL，移动授权延伸到站台。

（20）列车运行：按压“ATO 发车”按钮持续 2 s 以上松开，列车起动。

4. 计轴区段故障行车

（1）系统启动：依次登录 ZC 模拟系统、列车模拟系统、ATS 模拟系统、月牙山站 ATS 模拟系统、大板站 ATS 模拟系统、四号桥站 ATS 模拟系统。

（2）设置计轴受扰故障：在 ZC 模拟系统中，设置区段 T0107 计轴受扰故障。

（3）创建列车：登录 ATS 模拟系统，在月牙山站 1 创建 01 号列车。

（4）列车初始化：在列车模拟系统中，对 01 号列车初始化。设置运行方向为下行，上电，缓解紧急制动，设为 ATO 驾驶模式。

（5）设置目的地 ID：在 ATS 模拟系统中，设置 01 号列车的 DID 为 01。

（6）列车运行：在列车模拟系统中，选中 01 号车，按压“ATO 发车”按钮持续 2 s 以上松开，01 号列车从月牙山站 1 向大板站 1 运行。列车运行到信号机 X0101 前停车。

（7）申请权限：在月牙山站 ATS 工作站中，右键单击车站名称，选择【本地控制许可】—【请求】菜单，向 ATS 模拟系统申请月牙山站控制权限；在 ATS 模拟系统中，右键单击车站名称，选择【本地控制许可】—【授权】菜单，将权限转移到月牙山站。

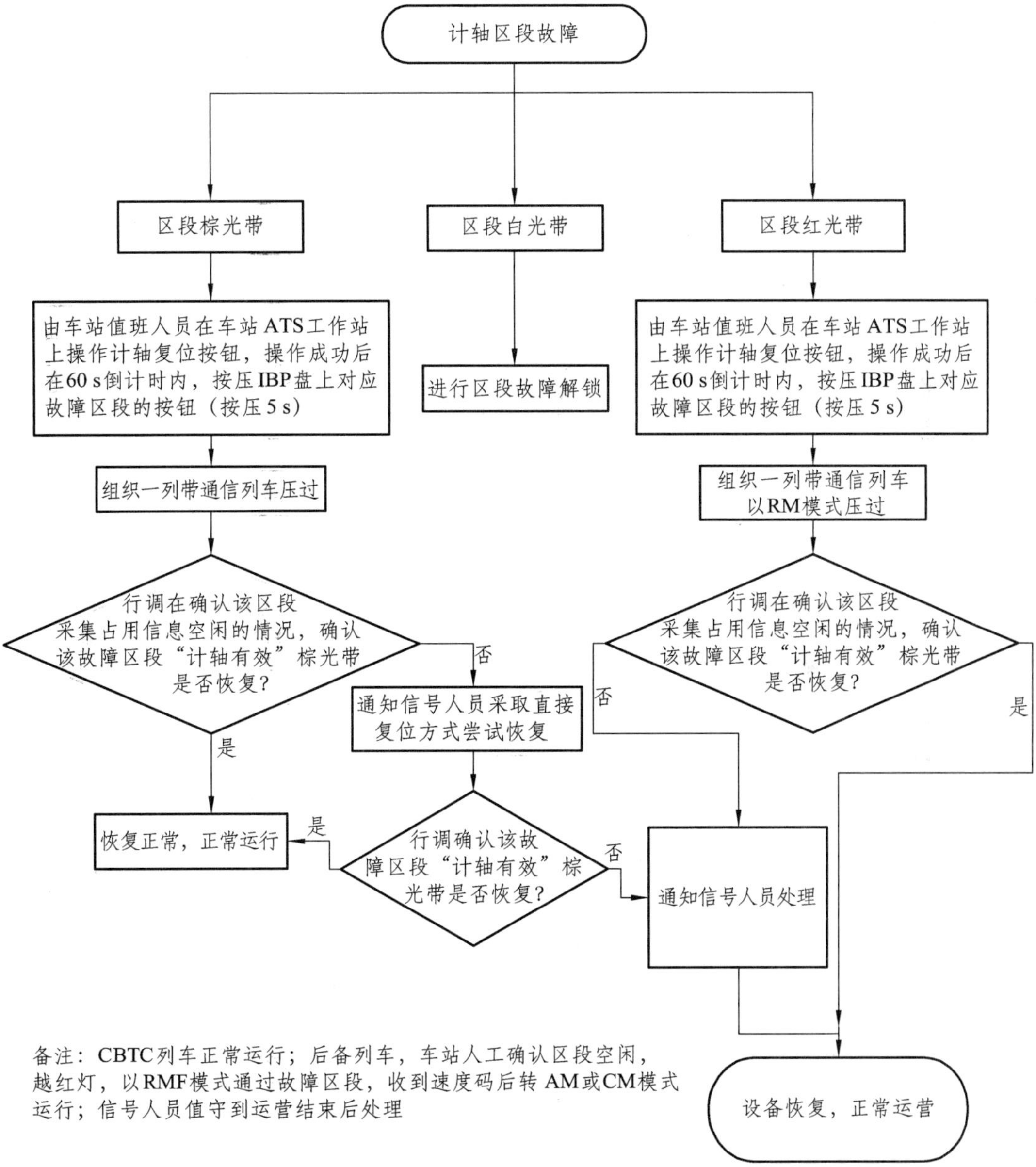

图 13-3 计轴区段故障行车处置流程

（8）调令发布：在 ATS 模拟系统中，向 01 号列车发布“列车以 RM 模式运行”调令，通知列车司机以 RM 模式人工驾驶列车通过受扰区段。

（9）调令确认：在列车模拟系统中，确认该调令后，将 01 号列车的驾驶模式切换到 RM 模式，操作牵引制动手柄到“牵引”位，人工驾驶列车通过受扰区段，列车运行大板站 1 站台停站。

（10）设置计轴受扰故障：在 ZC 模拟系统中，设置区段 ST0204 计轴受扰故障。

（11）申请权限：在大板站 ATS 模拟系统中，右键单击车站名称，选择【本地控制许可】—【请求】菜单，向 ATS 模拟系统申请大板站控制权限；在 ATS 模拟系统中，右键单击车站名称，选择【本地控制许可】—【授权】菜单，将权限转移到大板站。

（12）调令发布：在 ATS 模拟系统中，向 01 号列车发布“列车以 RM 模式运行”调令，通知列车司机根据开放的引导信号，以 RM 模式人工驾驶列车通过受扰区段。

（13）调令确认：在列车模拟系统中，确认该调令后，将 01 号列车牵引制动手柄推到“牵引”位，人工驾驶列车通过受扰区段。

（14）列车继续运行：列车运行到明湖站 1 站台停车后，将驾驶模式切换到 ATO 模式。

（15）设置计轴受扰故障：在 ZC 模拟系统中，设置区段 ST0502 计轴受扰故障。

（16）列车运行：停站结束后，在列车模拟系统中按压“ATO 发车”按钮 2 s 以上松开，列车起动运行，运行到 X0502 前停车。

（17）设置计轴受扰故障恢复：在 ZC 模拟系统中，设置区段 ST0502 计轴受扰故障恢复。

（18）预复位调令发布：在 ATS 模拟系统中，向四号桥站 ATS 模拟系统下达“计轴区段预复位”调令，要求车站值班员进行相应故障区段的预复位；在四号桥站 ATS 模拟系统中，选择菜单【操作】—【预复位】，对故障区段 ST0502 进行预复位。

（19）调令发布：在 ATS 模拟系统中，向 01 号列车发布“列车清扫受扰区段”调令，通知列车司机以 RM 模式清扫受扰区段。

（20）调令确认：在列车模拟系统中，将 01 号列车切换到 RM 模式，把牵引制动手柄推到“牵引”位，驾驶列车以 RM 清扫并出清受扰区段后，该区段状态恢复空闲，清扫结束后续列车正常运行。

四、实验报告要求

认真完成实验报告，报告要用实验报告纸，书写工整，按时上交。

五、实验注意事项

（1）未经允许不能携带存储盘进入实验室。

（2）严格按照实验步骤操作计算机，不准进入计算机其他系统。

（3）不准修改、删除计算机内所有文件。

（4）爱护实验室设备。

六、思考题

（1）屏蔽门系统与信号系统之间有什么联锁关系？

（2）某站台的屏蔽门无法关闭故障，旁路该站台屏蔽门后，对后续列车有什么影响？

（3）在屏蔽门故障解除后，应如何恢复屏蔽门系统与信号系统之间的联锁关系？

（4）道岔失表后，靠什么保证行车安排？

（5）计轴受扰恢复后，为什么必须进行复位并清扫后，后续列车才能正常运营？

实验十四　城市轨道交通列车故障行车实验

一、实验目的

（1）掌握出现 CC 故障时的行车处置方法。
（2）掌握出现列车定位丢失故障时的行车处置方法。
（3）掌握出现列车开关门故障时的行车处置方法。

二、实验设备

ATC 仿真系统　　60 套

三、实验步骤

1. 系统登录

系统登录主界面如图 14-1 所示。
IP：172.30.15.1。
选择分组：根据指导教师安排，选择自己的分组。
选择工作站：小组内依次登录 ZC、ATS、列车。

图 14-1　系统登录主界面

2. CC 故障行车（见图 14-2）

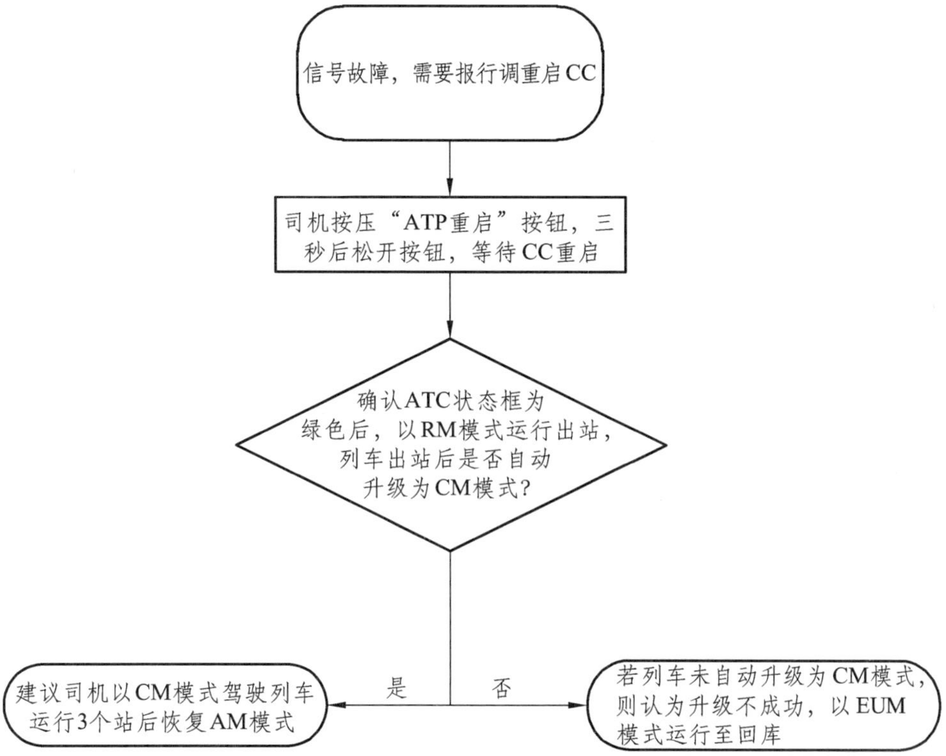

图 14-2　CC 故障重启处理流程

（1）系统启动：依次登录 ZC 模拟系统、列车模拟系统、ATS 模拟系统。

（2）创建列车：登录 ATS 模拟系统，在月牙山站 1 创建 01 号列车。

（3）列车初始化：在列车模拟系统中，对 01 号列车初始化。设置运行方向为下行，上电，缓解紧急制动，设置驾驶模式为 ATO 模式。

（4）设置目的地 ID：在 ATS 模拟系统中，设置 01 号列车的 DID 为 01。

（5）列车运行：在列车模拟系统中，选中 01 号车，按压“ATO 发车”按钮持续 2 s 以上松开，01 号列车从月牙山站 1 向大板站 1 运行。

（6）设置故障：在 ZC 模拟系统中，设置 CC 故障。

（7）列车 EB：列车触发紧急制动，被施加 EB，MAL 被撤销，但原先建立的进路仍然锁闭。

（8）设置故障恢复：在 ZC 模拟系统中，设置 CC 故障恢复。

（9）列车缓解 EB：在列车模拟系统中，将信号模式开关 1 转到“制动位”，然后再重新转回“0”位，缓解 EB。

（10）列车运行：在列车模拟系统中，选中 01 号车，按压“ATO 发车”按钮持续 2 s 以上松开，01 号列车从大板站 1 向枫林桥站 1 运行。

3. 列车定位丢失故障行车（见图 14-3）

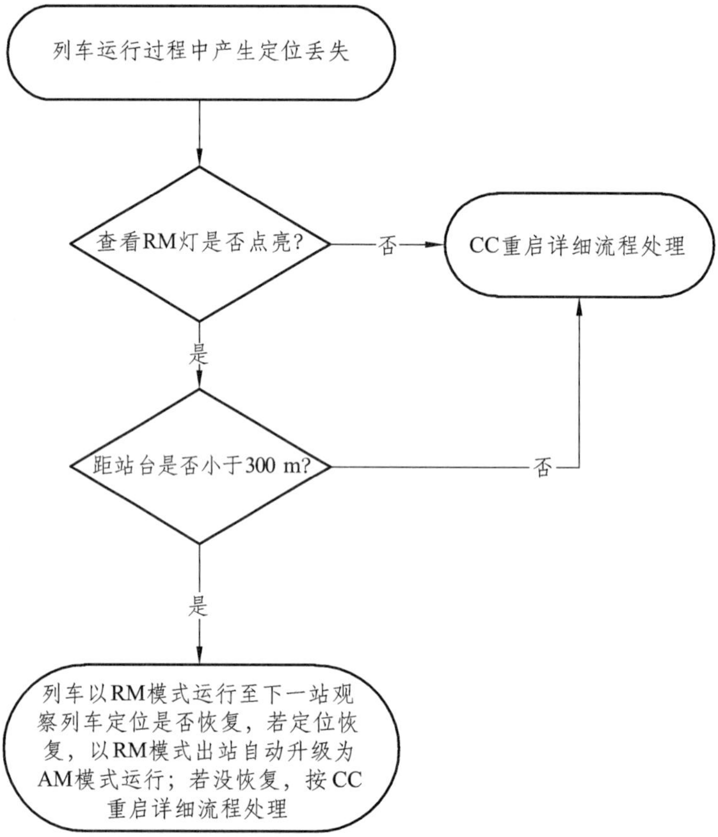

图 14-3　列车定位丢失处理流程

（1）系统启动：依次登录 ZC 模拟系统、列车模拟系统、ATS 模拟系统。

（2）创建列车：登录 ATS 模拟系统，在月牙山站 1 创建 01 号列车。

（3）列车初始化：在列车模拟系统中，对 01 号列车初始化。设置运行方向为下行，上电，缓解紧急制动，设置驾驶模式为 ATO 模式。

（4）设置目的地 ID：在 ATS 模拟系统中，设置 01 号列车的 DID 为 01。

（5）列车运行：在列车模拟系统中，选中 01 号车，按压“ATO 发车”按钮持续 2 s 以上松开，01 号列车从月牙山站 1 向大板站 1 运行。

（6）设置故障：在 ZC 模拟系统中，设置 01 号列车定位丢失故障。

（7）列车制动：“01”号列车立即触发紧急制动，在当前位置停车。

（8）设置故障恢复：在 ZC 模拟系统中，设置 01 号列车定位丢失故障恢复。

（9）缓解 EB：在列车模拟系统中，将信号模式开关 1 转到“制动位”，然后再重新转回“0”位，缓解 EB。

（10）列车运行：缓解 EB 后，在列车模拟系统中，按压“ATO 发车”按钮持续 2 s 以上松开，01 号列车从大板站 1 向枫林桥站 1 运行。

4. 列车车门故障行车（见图 14-4～图 14-9）

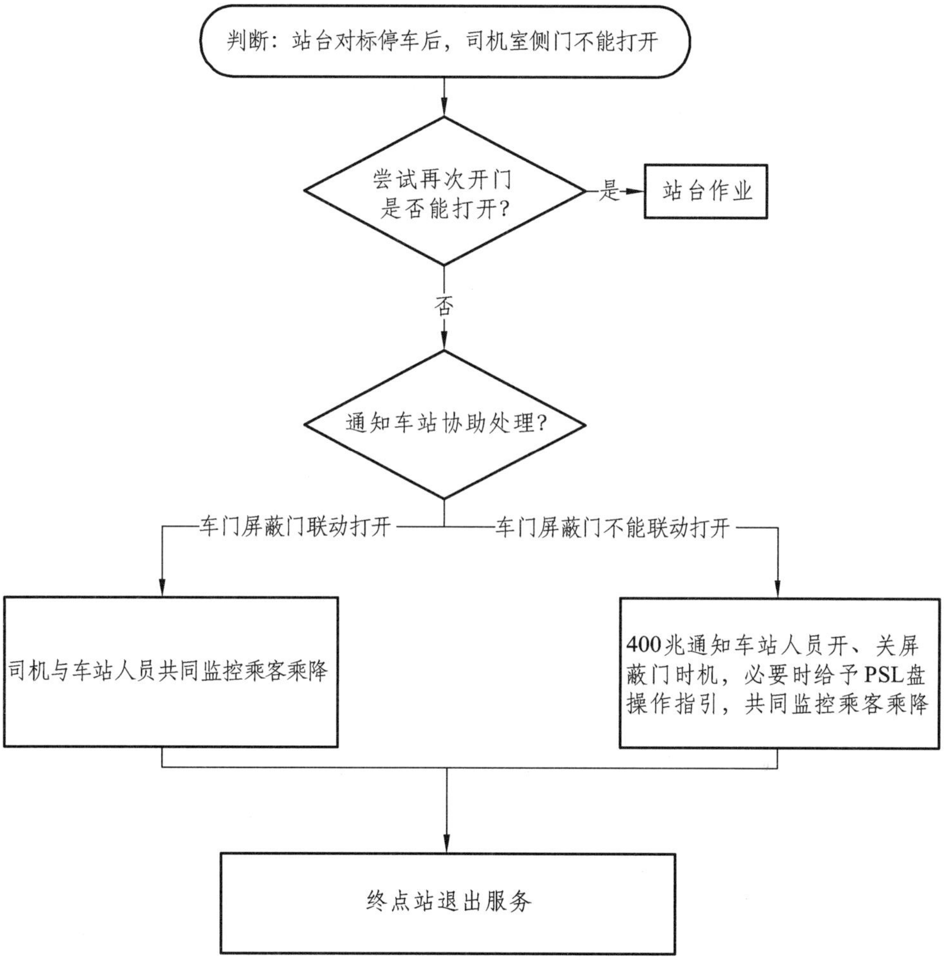

图 14-4　司机室侧门打不开处理

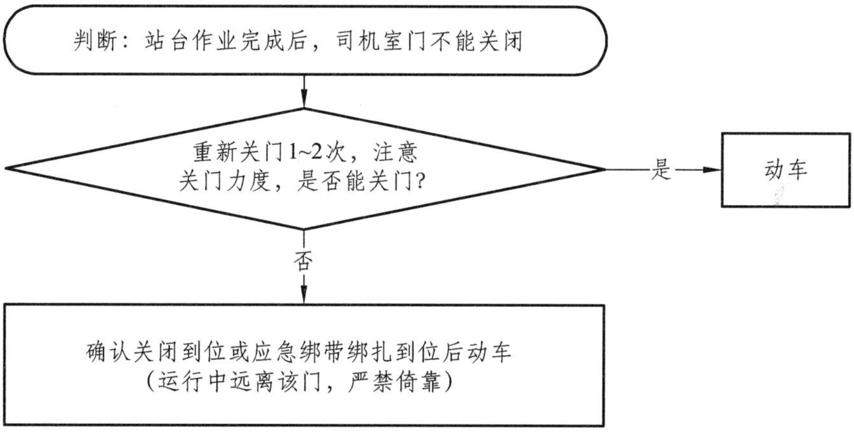

图 14-5　司机室侧门关好后 HMI 上显示黄色或侧门关不上处理

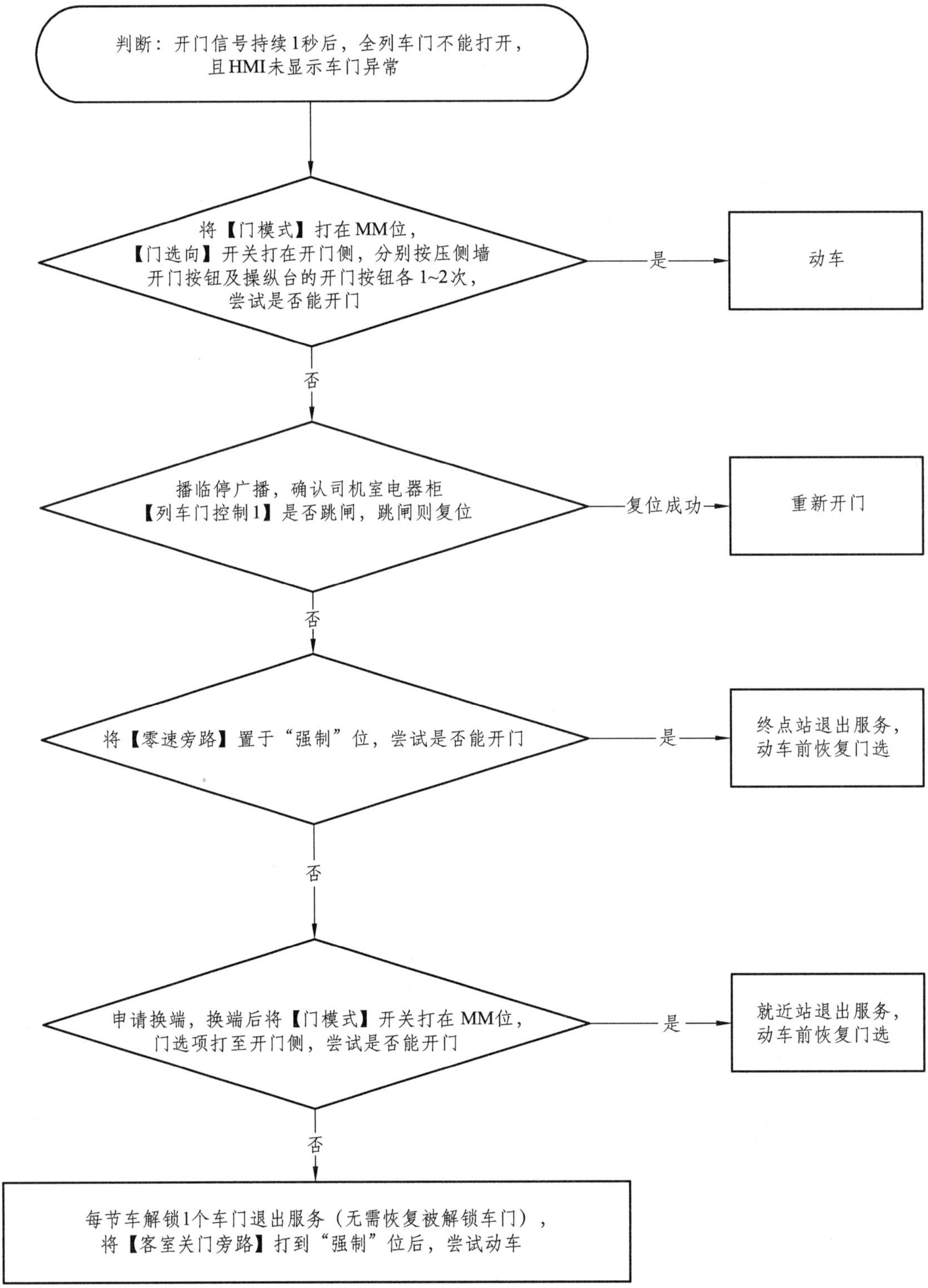

图 14-6　全列车门打不开处理

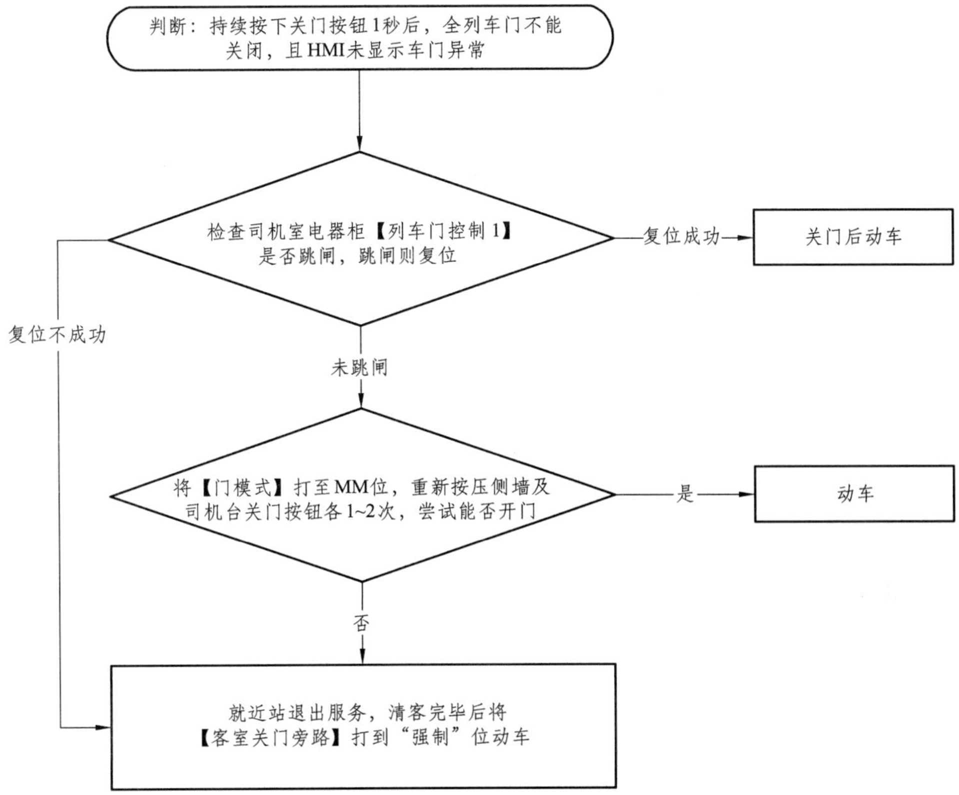

图 14-7　全列车门关不上处理

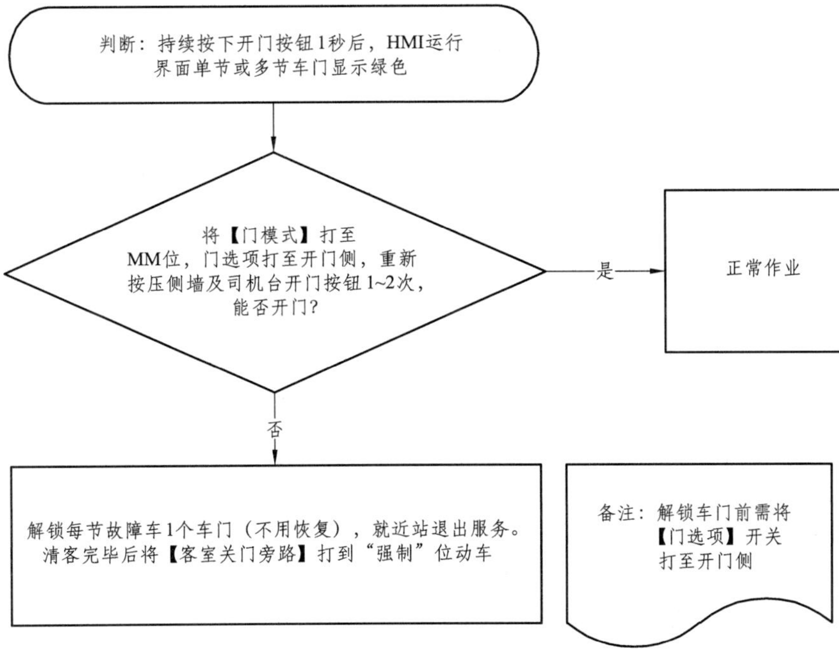

图 14-8　单节或多节车门打不开处理

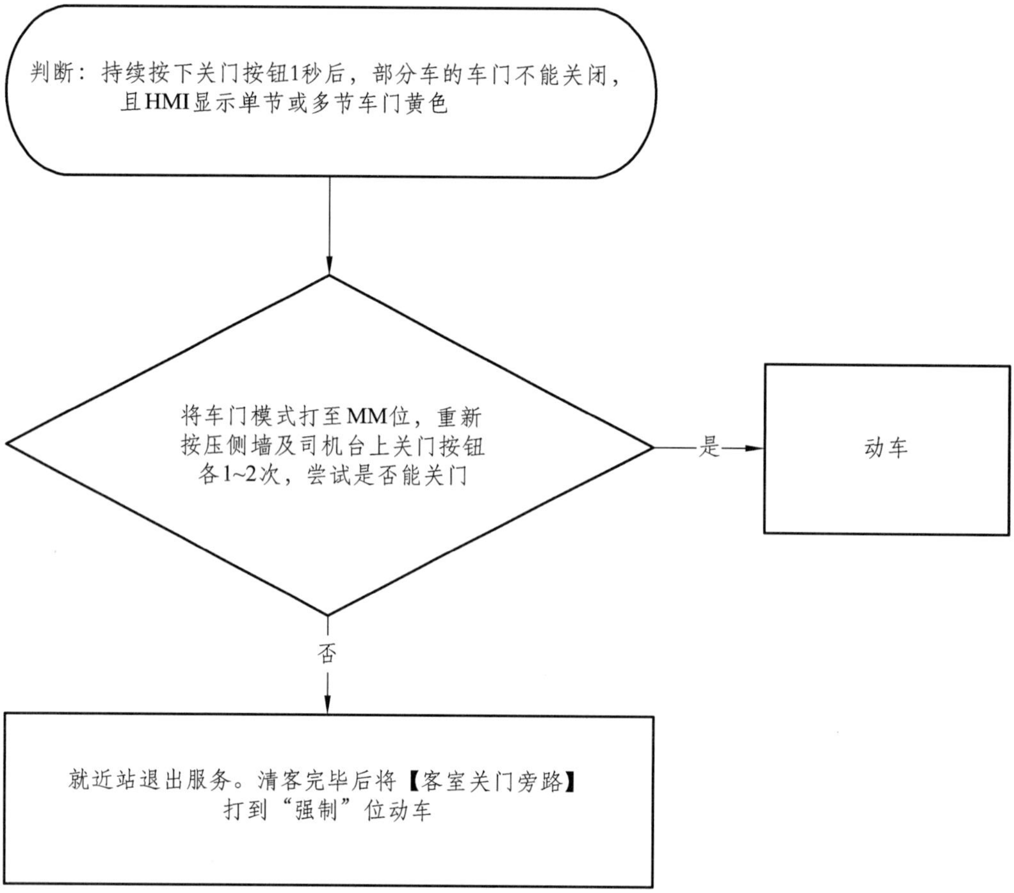

图 14-9　单节或多节车门关不上处理

（1）系统启动：依次登录 ZC 模拟系统、列车模拟系统、ATS 模拟系统。

（2）创建列车：登录 ATS 模拟系统，在月牙山站 1 创建 01 号列车。

列车初始化：在列车模拟系统中，对 01 号列车初始化。设置运行方向为下行，上电，缓解紧急制动，设置驾驶模式为 ATO 模式。

设置目的地 ID：在 ATS 模拟系统中，设置 01 号列车的 DID 为 01。

（3）列车运行：在列车模拟系统中，选中 01 号车，按压“ATO 发车”按钮持续 2 s 以上松开，01 号列车从月牙山站 1 向大板站 1 运行。

（4）设置故障：在 ZC 模拟系统中，设置列车开关门故障。

（5）列车继续运行：故障设置后，01 号列车在区间运行不受任何影响，直到大板站 1 停站。

（6）列车停站：列车到达大板站 1 停车后，由于故障，没有开门提示。

（7）开关门处置：在列车模拟系统中，将门旁路开关转到旁路（DBY1 闭合，DBY2 断开），司机手动打开、关闭正确侧车门，开关门作业完成后，将门旁路开关恢复至原来的位置。

（8）列车运行：在列车模拟系统中，选中 01 号车，按压“ATO 发车”按钮持续 2 s 以上松开，列车继续向枫林桥站 1 运行。

（9）设置故障：在 ZC 模拟系统中，设置列车开关门故障。

（10）列车停站：列车到达枫林桥站 1 停车后，由于故障，没有开门提示。

（11）设置故障恢复：此时，在 ZC 模拟系统中，设置列车开关门故障恢复，列车模拟系统恢复车门使能，VOBC 能使车门按钮点亮。

（12）开关门处置：司机正常开关门，完成停站过程。

（13）列车运行：停站结束后，在列车模拟系统中选中 01 号车，按压“ATO 发车”按钮持续 2 s 以上松开，列车继续运行。

四、实验报告要求

认真完成实验报告，报告要用实验报告纸，书写工整，按时上交。

五、实验注意事项

（1）未经允许不能携带存储盘进入实验室。

（2）严格按照实验步骤操作计算机，不准进入计算机其他系统。

（3）不准修改、删除计算机内所有文件。

（4）爱护实验室设备。

六、思考题

（1）列车定位丢失故障发生后，对 RM 模式的列车会产生什么影响？

（2）列车开关门故障后，对不同驾驶模式列车的影响有什么不同？

（3）为什么设置 CC 故障后，会导致列车紧急制动？

实验十五　城市轨道交通正线及车站进路设置实验

一、实验目的

（1）了解基于轨道电路的城市轨道交通车站与中心控制权的转换方法。
（2）了解集中站信号、进路设置及取消的方法。
（3）了解车辆段调车作业过程及调车进路的办理办法。

二、实验原理

在基于轨道电路的城市轨道交通列车运行控制系统中，轨道电路提供的信号作为行车凭证，司机完全按照该信号操纵列车运行。本系统按照城市轨道交通“控制中心—车站—停车场”的结构，模拟城市轨道交通控制系统，学生通过控制中心—车站的交换，运用不同的功能实现城市轨道交通车站及正线信号的控制。

三、实验设备

基于轨道电路的 ATS 仿真系统　　　　60 套

四、实验步骤

1. 登录系统

系统登录界面如图 15-1 所示。
（1）时刻表加载。
（2）仿真系统——设置信号。
（3）仿真系统——开始仿真。
（4）认识站场符号及显示含义：① 车站名称；② 轨道电路；③ 普通信号机、引导信号机、自动信号、连续通过；④ 道岔定反位；⑤ 列车车次号；⑥ 运行控制模式；⑦ 站台。

2. 控制模式转换（从中心控制转为车站控制）

控制模式有站控、中控、紧急控制 3 种。
（1）车站要权。
如图 15-2 所示，车站值班员切换到要申请站控的集中站—设置控制模式—输入站名—站控—执行。

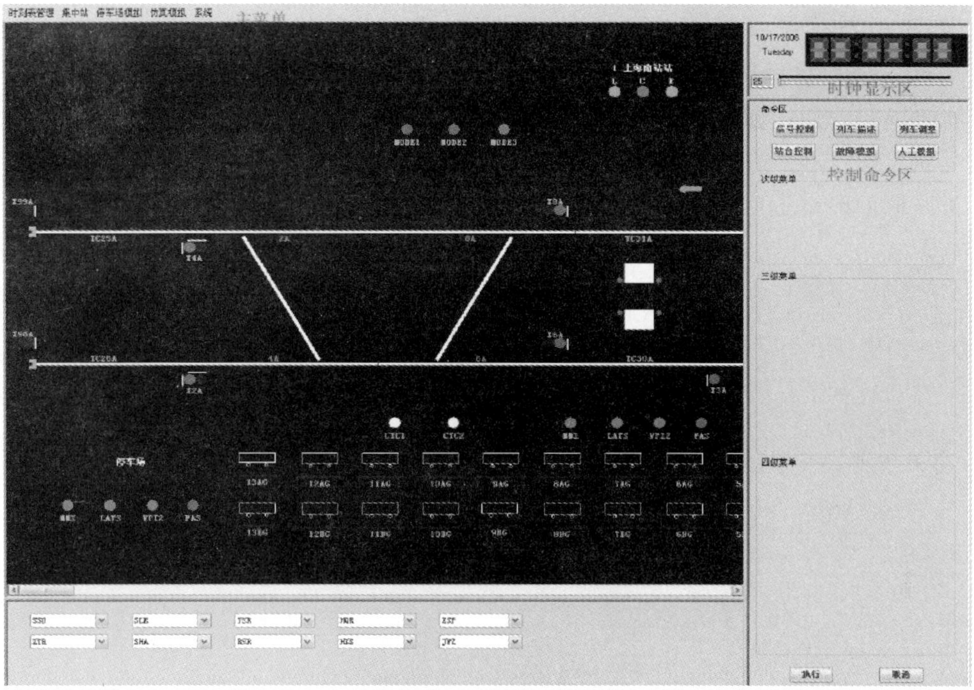

图 15-1　登录界面

（2）中心放权。

如图 15-3 所示，中央切换到 ATS—设置控制模式—输入站名—站控—执行。

图 15-2　车站要权

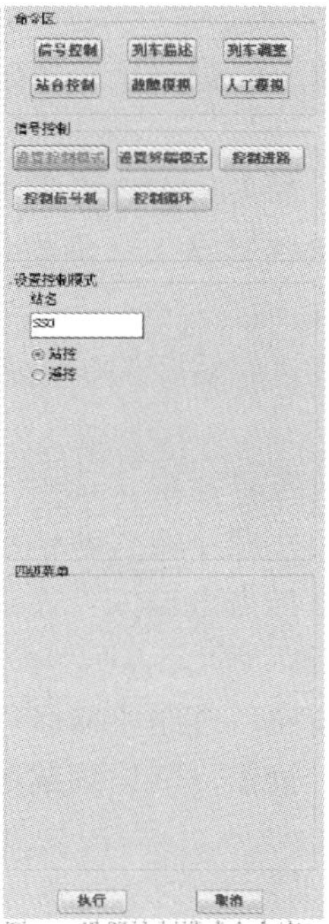

图 15-3　中心放权

3. 集中站控制进路

中央 ATS 排进路要求在中控模式，集中站排进路要求在站控模式。

排进路时，切换到进路控制栏，如图 15-4 所示，左键点始端信号，右键点进路终端信号机，按下执行命令，则进路建立。

进路取消时，选中进路取消栏，鼠标点击始端信号机，执行即可。

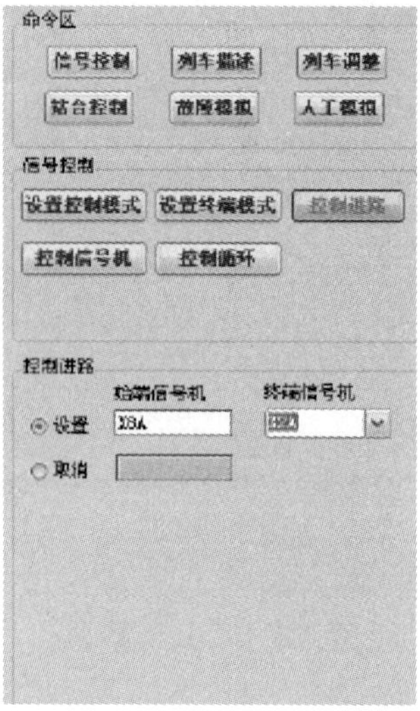

图 15-4　进路控制

4. 故障解锁

当列车通过进路后，进路区段因故不能解锁，此时需用故障解锁使该进路的区段解锁。

对于正常进路，如果采用故障解锁方式解锁，则进路防护信号关闭，进路解锁。

通过 ATS 控制命令区的“故障模拟—信号故障—进路解锁故障”的任务界面设置进路解锁故障。

当有列车通过该进路后，防护进路的信号机关闭，但进路中的区段不解锁，进路光带不熄灭。

在控制进路的任务界面中，选中“故障解锁”单选按钮。

在两个输入框中按顺序输入解锁故障的进路的始端信号机和终端信号机名（键盘直接输入或者通过鼠标点击输入：左键点击站场上的信号机为始端，右键点击站场上的信号机为终端）。

按下“执行”按钮，进路中的区段解锁，进路光带熄灭。

若按下“取消”按钮，则回到起始窗口。

5. 引导接车

当接车进路中出现故障红光带时，不能通过“设置进路”方式排列进路，若红光带不影响行车，可采用引导接车方式开放引导信号，进行接车。对于信号机内方第一区段故障红光带，则需要手信号进行引导接车（本仿真系统中不涉及）。引导接车时，列车运行安全由车站值班员来保证，必须慎之又慎。

根据接车进路的要求，将进路中的道岔单操到相应位置，对于包含红光带的道岔，手摇到进路所需位置并单锁。在控制进路的任务界面中，选中“引导接车”单选按钮，在输入框中输入进路的始端信号机名（键盘直接输入或者鼠标左键点击站场图上的信号机输入），按下“执行”按钮，引导信号开放，引导进路光带点亮（故障的轨道区段仍点红光带），引导表示灯亮红白灯（若道岔位置不正确，则无法建立引导进路，将给出错误信息提示）。若按下“取消”按钮，则回到起始窗口。

6. 信号控制

如图 15-5 所示，可设置信号的各种控制模式。信号工作模式有自动信号和连续通过信号，根据信号位置的不同而设置。

自动信号设置后不可作为进路始端信号，当列车占用触发区段时，自动信号默认进路可以自动排列。

连续通过信号设置时，需要先建立进路才能设置；连续通过信号设置好之后，当列车出清进路，进路解锁后，进路自动排列。

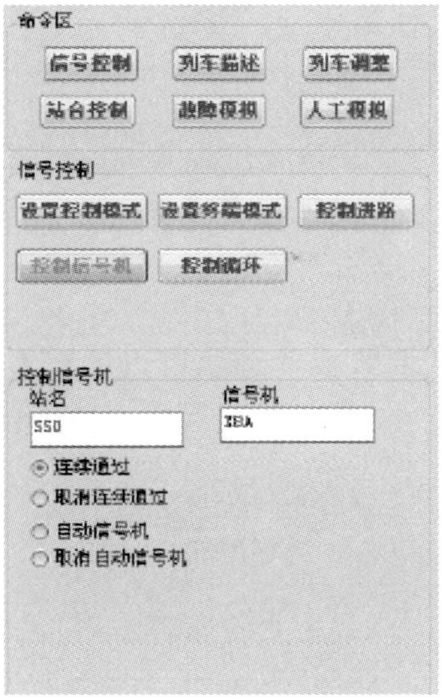

图 15-5　信号控制

7. 道岔控制

（1）说明。

控制道岔包含道岔单操定位/反位和道岔单锁/单解 4 个功能，如图 15-6 所示。

① 当前控制模式为站控时，才能进行道岔单操定位/反位操作，而道岔单锁/单解与控制模式无关。

② 若某道岔已处于定位时进行该道岔的单操定位，或者某道岔已处于反位时进行该道岔的单操反位，则会给出错误信息提示。

③ 道岔区段进路锁闭、有车占用、道岔单锁时，道岔不能单操。

（2）道岔单操（允许人工将某一道岔从当前位置操纵到定位或者反位）。

① 在控制道岔的任务界面中，输入站名和道岔号（键盘直接输入或者鼠标左键单击站场图上的道岔名称）。

② 根据需要选择道岔定位/反位单选按钮。

③ 按下“执行”按钮，如果输入的信息正确，则道岔位置转到定位或者反位；如果输入的信息不正确，则会给出相应的错误信息提示；

④ 若按下“取消”按钮，则回到起始窗口。

（3）道岔单锁/单解（将选定的道岔锁闭在当前位置或取消道岔单锁）。

① 在控制道岔的任务界面中，输入站名和道岔号（键盘直接输入或者鼠标左键单击站场图上的道岔名称）。

② 根据需要选择道岔单锁/道岔解锁单选按钮。

③ 按下“执行”按钮，如果输入的信息正确，则道岔锁闭在当前位置或者取消道岔单锁；如果输入的信息不正确，则会给出相应的错误信息提示。

④ 若按下“取消”按钮，则回到起始窗口。

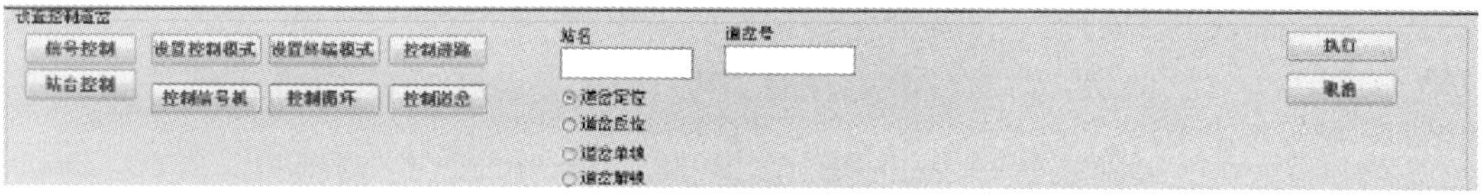

图 15-6　道岔控制

8. 车次号定义

如图 15-7 所示，进入车次号控制界面，可以进行车次号定义、车次号更名、车次号移动、车次号删除等操作。

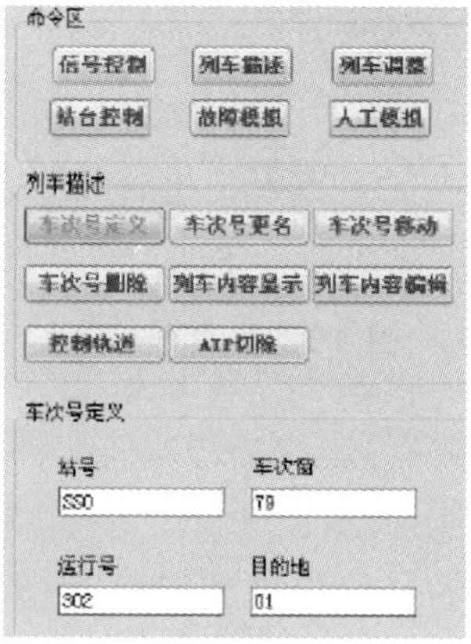

图 15-7　车次号控制

9. 停车场微机联锁系统操作

选择进路停车微机联锁界面，如图 15-8 所示，可进行建立进路、取消进路、信号重开、引导按钮、引导总锁、总人解、道岔定操、道岔反操、道岔单解、道岔单锁、功能按钮、区段解锁等操作。

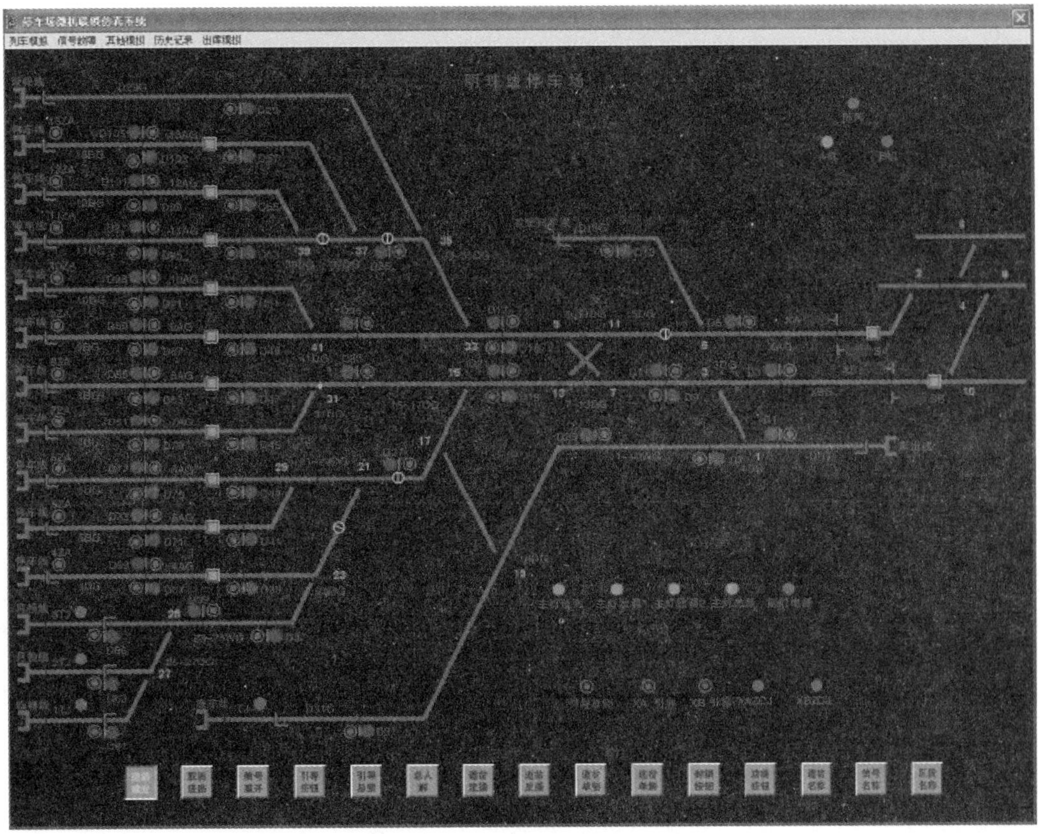

图 15-8　停车场微机联锁界面

五、实验报告要求

认真完成实验报告，报告要用实验报告纸，书写工整，按时上交。

六、实验注意事项

（1）未经允许不能携带存储盘进入实验室。
（2）严格按照实验步骤操作计算机，不准进入计算机其他系统。
（3）不准修改、删除计算机内所有文件。
（4）爱护实验室设备。

七、思考题

（1）如何从站控模式转换为中控模式？

（2）车站控制模式灯的含义是什么？

（3）简述车站信号各种显示的含义，以及自动信号与连续通过信号的区别。

（4）如何设置进路？

（5）进路如何取消？

参考文献

[1] 孙景冬,王顺利. 列车调度指挥实验教程[M]. 成都:西南交通大学出版社,2009.

[2] 胡华彬. 铁路列车调度指挥[M]. 北京：人民交通出版社，2020.

[3] 洪立新. 列车调度指挥[M]. 2 版. 成都：西南交通大学出版社，2018.

[4] 申金国. 铁路调度指挥[M]. 北京：人民交通出版社，2020.

[5] 颜景林，孙景冬. 城市轨道交通设备与系统[M]. 北京：科学出版社，2020.

[6] 颜景林，孙景冬. 城市轨道交通运营管理理论与实务[M]. 北京：科学出版社，2020.

[7] 毛保华. 轨道交通综合实验指导书[M]. 北京：人民交通出版社，2010.

[8] 闫海峰，鲁工圆. 大型编组站作业仿真实验教程[M]. 成都：西南交通大学出版社，2015.

[9] 马驷，闫海峰. 铁路行车组织仿真实验教程[M]. 成都：西南交通大学出版社，2011.

[10] 孙中央. 列车牵引计算实用教程[M]. 北京：中国铁道出版社，2019.

[11] 彭其渊. 高速铁路调度指挥[M]. 北京：中国铁道出版社，2011.

[12] 杨旭丽，刘磊，梅哲飞. 城市轨道交通调度指挥[M]. 成都：西南交通大学出版社，2020.

[13] 颜景林，孙景冬. 城市轨道交通设备与系统[M]. 北京：科学出版社，2020.

[14] 林瑜筠，吕永昌. 计算机联锁[M]. 4 版. 北京：中国铁道出版社，2017.